JN186743

日本人が目覚めた
国難の日本史

藤岡信勝

ビジネス社

国難の日本史

はじめに　祖先の名誉回復はいまに生きる日本人の責務

「朝日の落城」と慰安婦問題で処理を迫られる六つの事項

日本はいま、厳しい戦時下にあります。戦争を戦っているのです。国民がそのことを日常的に意識するかどうかにかかわらず、客観的に見て、日本は巨大な戦争をしかけられ、そのなかで必死に戦っているのです。歴史上何度目かの国難に見まわれているといっても過言ではありません。

それは、「歴史戦争」という名の戦争です。つづめて「歴史戦」ともいいます。この戦争は武器、弾薬を使った戦争ではありません。言葉の戦争、宣伝の戦争、情報の戦争です。じつのところ、日本はこの戦争に負け続けてきました。

しかし、ここにきて、歴史戦の局面が日本にとって有利に変化しはじめました。その象徴的な出来事が、二〇一四年八月五・六日に掲載された朝日新聞の慰安婦報道の検証記事です。

このなかで、朝日は三十二年ぶりに吉田清治の慰安婦強制連行の嘘話を取り消したのです。反日の牙城朝日新聞の「落城」。これはジャーナリズムの歴史に残る大事件であるばかりでなく、戦後の歴史のなかのエポックをなす出来事でした。

朝日が認めたのは、次の三点の誤りです。

①慰安婦を強制連行したとする吉田清治証言を「虚偽だと判断」し、「記事を取り消し」た。
②女性を戦時動員した「女子勤労挺身隊」と慰安婦とを同一視した記事の誤りを認めた。
③朝鮮や台湾では、「軍などが組織的に人さらいのように連行した資料は見つかっていません」と認めた。

これによって、「慰安婦強制連行説」は完全に、最終的に崩壊しました。慰安婦問題は、その終焉に向けて、決定的な局面を迎えたといえます。

朝日の訂正による慰安婦問題の消滅は、ただちに国内外で次の六点の処理を迫るものです。

第一に、政府は二〇一四年六月二十日、河野談話の作成過程を検証し、「強制連行があった」としたことは当時の政府の認識ではなかったこと、河野洋平個人の記者会見における誤った説明によるものだったことなどを明らかにしましたが、国際的には河野談話が強制連行の証拠とされている以上、朝日の訂正を機に、これをキッパリと撤回するか、それを上書きする新談話を出すべきです。

第二に、「性奴隷《どれい》」なる言葉を広めた国連のクマラスワミ報告は、吉田清治の著書が基本資料となってつくられています。それはいまだに英文で国連のホームページに掲載されています。国連の関係委員会は、このクマラスワミ報告をただちに撤回し、削除すべきです。

第三に、クマラスワミ報告などを真に受けて行われたアメリカの下院議会決議第一二一号をただちに取り消すべきです。カナダやEU議会なども同様。

第四に、韓国やアメリカに建てられた慰安婦像は根拠がなくなったのであるから、ただちに撤去すべきです。

第五に、アメリカの教科書には、従軍慰安婦に焦点を当てたストーリーが掲載されているものがあります。ただちに削除すべきです。

第六に、日本の歴史教科書・社会科教科書には、高校教科書を中心にいまだに「慰安婦」について記載されているものがあります。しかしいままでその根本資料となってきたものが否定された以上、全教科書から「慰安婦」の記述を一掃するように、文科大臣は教科書の訂正を全教科書会社に求めるべきです。

アメリカの世論にも変化の兆し

アメリカの世論にも変化の兆しが見られます。ワシントン・ポストは二〇一四年八月十九日付けの社説で、民主党か共和党かを問わず、アメリカの議員が韓国人のロビー活動のいいなりになっている事態について、警鐘を鳴らしました。

たとえば、バージニア州のフェアファックス郡が、「郡政府センターのすぐ後ろに、第二次世界大戦時の日本によって強制的に性奴隷とされた女性に対して記念公園を設置する先例をつくった」ことを「疑問に思う」とし、次のように書いています。

「これらのいわゆる慰安婦たち（ほとんどが韓国人の女性）が、苦しみや虐待を受けたことについて議論の余地はない。しかしながら、フェアファックス郡は、（日本以外の）他の民族や国や歴史上の悲劇のために、はたして郡政府の土地に記念物をつくるだろうか？イギリスによるアイルランド系の弾圧や、トルコによるアルメニア系の虐殺はどうか？オスマントルコからセルビア人が抹殺された十四世紀のコソボでの戦いは？　我々は次の質問をよく考えてみる必要がある。〈たとえその郡がさまざまな人種の住む地域であったとしても、郡政府の中心が、歴史の悲劇の記念物を置くのにふさわしい場所なのかどうか〉ということだ。ふさわしいのだとしたら、一体どの悲劇を取り上げるのか？」

ここに引用した最初の一文は事実認識において誤っています。にもかかわらず、この社説が日本だけを取り上げて攻撃する矛盾を突いているのは、きわめて重要です。在米日本人や日本人からの慰安婦像への異議申し立てが、やっとアメリカの世論に浸透する気配を示しはじめたのです。

「歴史戦」を戦う三つの力

二〇一三年五月、大阪市の橋下徹市長は記者会見での慰安婦に関する不用意な発言を徹底的にたたかれ、政治的になかば失脚しました。これは橋下氏に対する朝日新聞の逆襲でもありました。慰安婦問題については明らかに逆風が吹いたのです。

しかしその後、反撃が始まり、橋下バッシングによってつくられた状況が次第に変化していきました。逆風をはね返した要因は三つあると考えられます。

第一は、産経新聞による一連の調査報道です。二〇一三年の十月から断続的に続けられた慰安婦報道はスクープの連続で、一九九六年の国連のクマラスワミ報告に対して、当時の外務省が立派な反論文書をまとめていたこと、それを政府が握りつぶしたことなど、新しい事実が暴露されました。

第二は、国会議員の活動です。当時は「日本維新の会」、現在は「次世代の党」に所属する一連の国会議員が慰安婦問題で政府を追及し、ついに政府による河野談話の検証を実現させました。

第三は、草の根の運動です。二〇一三年の夏、「新しい歴史教科書をつくる会」をはじめ慰安婦問題に取り組んできた十数団体を糾合する連絡協議機関として「慰安婦の真実国民運動」(加瀬英明代表)が結成されました。運動の参加者は、パネル展の開催や署名活動、集会など、さまざまな形で慰安婦問題の解決に取り組んできた人びとです。

なかでも二〇一四年二月、草の根の動きとして重要な意味をもった二つの出来事をあげておきます。ひとつは、アメリカのグレンデール市に建てられた慰安婦像の撤去を求める訴訟が提起されたことです。日米関係百六十年の中で、在米日本人が歴史問題で自己主張したのは初めてのことです。このことは、日本国内の運動にも大きな励ましを与えるものでした。

もうひとつは、前記「国民運動」が、二〇一四年七月にジュネーブで開催された国連の自由権規約に関する委員会に向けて調査団(団長・山本優美子)を派遣したことです。保守系の運動体が組織的に初めて国連で行動したのです。こうした動きが、次第に朝日新聞を追い詰めていったといえます。

　このように、
①心あるジャーナリズム、
②「日本派」の国会議員の働き、
③草の根の国民運動、
の三つの要因が原動力となり、互いに連動して今日の事態をもたらしたのです。

　今年は大東亜戦争終結七十年の年です。さらに激しく「歴史戦」が戦われることになるのは必至です。しかし、この間の成果を土台に、私たちはこの「歴史戦」を戦い抜き、祖先の名誉を回復する事業に勝利を収めなければならないと決意しています。祖先の名誉回復は、国民の義務なのです。そのための原動力はやはり、私たちの国の歴史を正しく知ることだと思います。


　本書は、『新しい歴史教科書』（自由社）執筆者の立場から、その教科書の背景にある歴史観を際立たせるために、歴史上のいくつかのトピックを選んで語ったものです。

　第一講「『日本』という国はどのようにしてできたのか」では「国家」とはなにかを最初に論じ、「国譲り神話」などを素材に日本の国家形成の特色を明らかにしました。第二講「日本人が初めて『国』を意識した元寇の戦い」では、前近代日本の最大の国難ともいえる蒙古襲来をとりあげ、近代史にも影響を与えたといえるほどの、日本民族が経験した恐怖の原点を探ってみました。

第三講「『江戸の平和』をつくりだしたもの」では、近世の日本社会を用意した「鎖国」と「刀狩り」の意味を考えてみました。第四講「明治国家はいかにして成立したのか」では、西洋弁明の「挑戦」に対する「応答」として生まれた明治国家の形成のプロセスを、自由民権運動の解釈、大日本帝国憲法の独自性などにアクセントをおいて語りました。

第五講「支那事変とはなんであったか」では、戦後の通史や教科書が隠蔽してきた支那事変の真相を大胆に語りました。第六講「阿南陸相はなぜ終戦に反対したのか」では、昭和天皇の真意を知りつつも本土決戦を最後まで主張した阿南の行動の動機の解明と客観的評価を試みました。最後の第七講「条約で読む近代日本の苦難」では、三つの大国を相手とする三つの条約を取り上げ、信義を守り誠実を旨とする日本が苛烈な国際社会でいかに翻弄されたかを観察しました。

本書で取り上げた話題は、総じて対外関係から生じた国難に日本人がどう対処してきたかを論じたものなので、書名を『国難の日本史』とし、これに「日本人が目覚めた」との角書きを加えました。

素材は「つくる会」主催の日本史検定講座、および「美《うま》し国」主催の「藤岡信勝の日本再発見！　真・歴史講座」で折りにふれて語ったものからなります。

本書はビジネス社の唐津隆さんのお勧めと忍耐によって実現したものです。全体をまとめてくださったのは、ベテラン編集者の松崎貞之さんです。松崎さんは、私のこうした評論ものの処女作となった『汚辱の近現代史』（徳間書店）の編集を担当していただいた方で、十八年ぶりに再びこのような形でお世話になるとは、奇遇といえます。そして、そのまとめ方は、著者本人にもできない離れ業で、深く感謝しております。また、内容と表記の両面にわたって校閲の労をとってくださいました飯嶋七生さんにもお礼を申し上げます。

二〇一五年春

藤岡　信勝

第一講

「日本」という国はどのようにしてできたのか

～古代までの日本／縄文・弥生・古墳・飛鳥・奈良時代～

第二講

日本人が初めて「国」を意識した元寇の戦い

～中世の日本へ／飛鳥・奈良・平安・鎌倉・室町時代～

第三講

「江戸の平和《パックス・トクガワーナ》」をつくりだしたもの

～近世の日本／安土桃山・江戸時代～

第四講

明治国家はいかにして成立したのか

～近代の日本と世界／幕末から明治時代～

第五講

支那事変とはなんであったか

～近代の日本と世界／昭和時代～

第六講

阿南陸相はなぜ終戦に反対したのか

~近代の日本/大東亜戦争終戦~

第七講

条約で読む近代日本の苦難

~近代の日本/幕末・大東亜戦争・昭和後期~

第一講

「日本」という国はどのようにしてできたのか

~古代までの日本/縄文・弥生・古墳・飛鳥・奈良時代~

「国家」とはなにか

古代の範囲だけにかぎってみても、現行の歴史教科書にはひどい内容のものが目につきます。

中学校の歴史教科書のシェアでいちばん大きいのが東京書籍です（五〇パーセント強）。同社の教科書はたいへんカラフルな造りですから、見た目もきれいです。印刷技術的にはすばらしいと、率直にそう思います。

しかし、この東京書籍の歴史教科書に書かれている内容にはきわめて問題があります。どんな問題があるかといえば——歴史教育で取り上げなければならない「国家」についての捉え方に根本的な欠陥があるのです。そのため、回り道になりますが、日本の教育の根本法規における国家の位置づけをさぐってみましょう。

平成十八年十二月に改正された「教育基本法」は、これまでの戦後教育の流れと照らし合わせると、きわめて画期的なものです。本則は十八条ありますが、そのなかで重要なのは「国家及び社会の形成者」という言葉が出てくるところです。

第一条「教育の目的」には、次のように記されています。

教育は、人格の完成を目指し、平和で民主的な国家及び社会の形成者として必要な資質を備えた心身ともに健康な国民の育成を期して行われなければならない。(傍点・藤岡)

第五条「義務教育」に関する教育目標にも、「国家及び社会の形成者」という同じ言葉がはっきり述べられています。

義務教育として行われる普通教育は、各個人の有する能力を伸ばしつつ社会において自立的に生きる基礎を培い、また、国家及び社会の形成者として必要とされる基本的な資質を養うことを目的として行われるものとする。(第五条2項、傍点・藤岡)

そして第二条「教育の目標」には、「伝統と文化を尊重し、それらをはぐくんできた我が国と郷土を愛するとともに……」という言葉が読めます。

ひと言でいえば、新しい教育基本法には――わが国の歴史に対する愛情を深め、そして国家および社会の形成者としての自覚をもって自分たちで国家をつくり上げていく。そうした精神をはぐくんでいくのが教育の目的であり目標である、と明記されているのです。

では、国家の成り立ちにおいて肝心なものはなにかというと、「公共性」です。「公共性」ということが国家を論じる出発点です。

国家が成立する契機となったのは、たくさんの人びとを統合してひとつの社会を運営していく必要性でした。縄文時代にあっても、一定の集団や共同体にはかならず政治的なリーダーがいました。人が複数集まれば、その地域での利害を調整したり、外敵から身を守ったりするための手段や方法を考える必要が出てきます。そのまとめ役となるのがリーダーです。いかなる時代でも、人の集団が存在するかぎり、この原理は変わりません。そうした地域集団の規模が大きくなり、地域をまとめるための制度がある程度つくられように なって……そして、国家が形成されていくわけです。

このように集団（共同体や社会）のおのずからなる要請によって、どうしても「公共性」が必要とされます。そうして形成されるのが「国家」であり、われわれはその国家によって基本的に保護される。これが「国家」について考えるべきもっともベースとなる考え方です。

余談になりますが、札幌で開催されたあるシンポジウムに出席したときのことです。席上、さかんに「国家否定」の議論が飛び交っていました。戦後の日本では「反権力」「国家否定」がわりと標準的な考え方のひとつだったからだと思います。でも、私はそうした立場にはありませんから、こういいました。——「みなさん、そんなに国家を否定したいんだったら、日本国のパスポートのお世話にならずに外国に行かれたらどうですか？」と。一瞬シーンとして、私のその言葉に対してはまったくなにも答えが返ってきませんでした。

私たちはどれだけ日本という国家のお世話になっていることか。一歩海外に出れば、日本人というだけで一目置かれます。なぜなら、日本という国家は海外において、すばらしい信用を得ているからです。日本という国家が保証してくれるから、私たちは外国でもある程度快適に過ごすことができるわけです。

たしかに国家には人びとに自制を強《し》いたり、抑圧的に作用したりする一面もあります。しかし、国家は人びとの自由を守るシステムでもあるのです。そうした基本的なことを押さえておく必要があります。

じっさい国家なくしては、「外交」「国防」「治安維持」という三本柱はだれも引き受けられません。逆にいえば、国家がなかったら、私たちは安寧、秩序、平安、幸福……といった生活の基礎を保証されません。国家はそれほど大事なのです。

ですから国家のことをきちんと教えるのが、教育の基本となるのは当然の話です。教育基本法にもあるように、私たちひとりひとりが「国家及び社会の形成者」となることを教えるのが教育の第一の目的です。
ところが現実をみると、それに反することを堂々と教えている教科書があるのです。

現行教科書に横行する「階級国家論」や「泥棒国家論」

東京書籍の教科書は五〇パーセントを超えるシェアを占めていますが、その教科書には国家についてどのようなことが書かれているでしょう？

はじめは、人々から選ばれて、戦闘や祭り、用水路の工事などを指揮していた人が、しだいに人々を支配して税をとるようになり、支配する者（王や貴族）と、支配される者（農民や奴隷）との区別ができました。

要するに、生産力が高まって集団の規模が大きくなると、そのリーダーは人びとを支配して税を取るようになり、支配者になる。これが国家の起源であるというのです。これでは「階級闘争史観」そのものです。
ここで簡単に階級闘争史観について触れておきますと――マルクスに端を発するこの見

方は、社会を見るとき、集団内部を支配階級と被支配階級の二つにバッサリ分けます。どの時代についてもこの二分法を取ります。そして、歴史を前に進める原動力となっているのは「階級闘争」であると断定するのです。古代において、国家というものが誕生したのも支配階級が被支配階級を弾圧し、抑圧し、支配し、搾取するためだったと説きます。こういう考え方は牢固として日本の戦後の社会科学のなかに入り込んでいましたから、教科書の記述もそれをなぞったようなものになってしまうのです。

では、教育出版はどうでしょうか。

むらの指導者は、人々を指揮して水を引き、田をつくり、むらの祭を行ううちに、人々を支配するようになりました。やがて、そのなかには、むらの財産を自分のものにし、戦いで周りのむらを従えて、各地に小さなくに（国）をつくる者も現れました。

前段、すなわちリーダーが「人々を指揮して水を引き、田をつくり、むらの祭を行う」まではいいとしても、後段はいただけません。「むらの財産を自分のものにし」たら、泥棒じゃないですか。

東京書籍の教科書を「階級国家論」とすれば、教育出版のこの教科書は「泥棒国家論」

です。このくだりを読んで思い出したことがあります。若い頃、左翼学者・井上清の『天皇制』という悪名高い本を読みました。そのなかに「占縄《しめなわ》」の起源として、神に託して「占縄」をするのは、これはオレのものだとして公共の財産を「占める」＝「独占する」という意味であるという珍説が書かれていました。このあたりに、「泥棒国家論」の起源があるのかもしれません。こんなおかしな国家起源論が教えられているのが現状なのです。支配―被支配という二分法で断定していくから、両教科書とも「租税」の本質が見えなくなっています。

そもそも租税がなければ国家はありません。なぜ国家が租税を集めるかといえば、それは人びとが共同体を営むうえで、共同の事業や事務が生じるからです。例を挙げれば、大規模な灌漑《かんがい》用水をつくることや道路を整備することなどです。そうした大がかりな事業は個人ではできません。先ほど、「外交」や「国防」「治安維持」が民間ではできないといったのと同じ意味で、大規模灌漑用水や道路整備のような共同事業も、村なら村、一定の規模の共同体なら共同体全体で行わなくては絶対にできません。そのために租税が必要になってくるのです。

租税を取るのは、支配するためでも、村の財産を独り占めするためでもありません。広い地域で農業の生産性を高めようとしたら、どうしたって、みんなから税を集めなくてはならないのです。それは現代でも変わりません。

それにもかかわらず、大きなシェアを占めている教科書のほとんどが「階級国家論」や「泥棒国家論」に終始している。これがどれほど教育基本法の根本精神から逸脱していることか、それは改めてご説明するまでもないと思います。

「中韓隷属史観」を排す

もうひとつ現行教科書に根を張っているのが「中韓隷属《れいぞく》史観」です。これは水が高いところから低いところに流れるように、あらゆる文化・文明が朝鮮半島を経由してわが国に入ってきたとするストーリーです。

この「中韓隷属史観」を整理すると、次のような展開になります。

①日本はユーラシア大陸の東端にある非常に遅れた国であった。

②縄文時代の日本人は、長い間、生産性が低くて、生きるか死ぬかというカツカツの生活を余儀なくされていた。人びとは森のなかをさまよい、小さな集落をつくり、きわめて不安定な生活をしていた。

③そこへ、朝鮮半島を経由して稲作が伝わった。これによって明るい光がパッとさし、食

生活は安定し、社会も急速に発展していった。
④その後の時代になっても、漢字の伝来や仏教の伝来など、文化・文明といわれるものはすべて大陸および朝鮮半島からやってきた。日本はこの大陸と朝鮮半島につねに教えを乞い、それに隷属した歴史をたどってきた。

……と、まあ、こういうストーリーになっているのが「中韓隷属史観」です。

たしかにこれまでの日本では、稲作は紀元前一、二世紀ごろ、朝鮮半島を経由して日本列島に伝わった、といわれてきました。しかし、ほんとうにそうなのでしょうか？

近年は考古学の研究が進み、そうした稲作の起源が覆りました。

いま申し上げたように、従来の通説では、稲作は朝鮮半島を経由して日本に伝わったとされ、みなさんもそれに沿った説を教えられたことと思います。

また弥生時代はどのようにしてはじまったか、というテーマにしても――朝鮮半島から稲をもった集団が何万人も押し寄せてきて、それによって稲作が伝えられたといったイメージをおもちなのではないでしょうか。じじつ、そう書いている本もたくさんあります。

しかし、けっしてそんなことはありません。いまでは、せいぜい年に数家族ほどが朝鮮半島から日本に渡ってきたことがわかっています。

稲作の起源に関しては一九七九年、佐賀県の菜畑《なばたけ》遺跡が発掘されたことによって、これまでの通説がもののみごとに引っくり返りました。菜畑遺跡を詳しく調査したところ――いまから二千年前ごろ朝鮮半島から伝来したとされていた稲作の起源が、さらに五百年ほど遡《さかのぼ》ることがわかったのです。菜畑遺跡からはその時期に灌漑《かんがい》用水路をともなう水田稲作が行われていた遺構が見つかったからです。

稲作は揚子江《ようすこう》上流ではじまったとされています。その稲作は、朝鮮半島を経由するのではなく、直接、日本に伝わったことが証明されたため、当時、この発見は世界的なニュースになりました。稲作はむしろ日本から朝鮮半島に伝わった、と考えるほうが合理的であるのかもしれません。

『NHKスペシャル／日本人はるかな旅4～イネ、知られざる1万年の旅』（日本放送出版協会）も、この菜畑遺跡を次のように紹介しています。

ふつう遺跡の発見というものは、せいぜいその地区内のニュース止まりなのだが、菜畑遺跡は違っていた。いっせいに全国、さらには世界にも発信される大ニュースとなったのである。その理由は「日本最古の水田跡発見」にあった。年代は二六〇〇年前、縄文晩期にまで遡る。従来、日本列島の水田稲作は弥生時代（二三〇〇―一八〇〇年前）頃に、朝鮮半島方面からやってきた渡来民によって始まるというのが定説であったが、菜畑遺跡の発見はその常識を覆すことになった。時代はさらに三〇〇年遡り、水田を作った主体も日本列島在来の縄文人であることがわかったのである。
なぜ縄文人だと考えられるのか。それは発掘された生活道具が、すべて縄文文化に由来するものだったからである。

ところが、作家の司馬遼太郎氏はじつにいい加減な発言をしているのです。一九八七年三月、イギリスのケンブリッジ大学で「文学から見た日本歴史」というシンポジウムが開催されとき、司馬氏は次のような発言をしています。

日本列島は、太古以来、文明という光源からみれば、紀元前三〇〇年ぐらいに、稲を持ったボート・ピープルがやってくるまで、闇の中にいました。この闇の時代のことを、日本では、土器の模様からとったネーミングとして、「縄文《じょうもん》時代」といいます。旧石器時代につづく時代で、この採集生活の時代が八千年もつづいたというのは、驚くべきことです。
文明は、交流によってうまれます。他の文化から影響をうけずにいると、人類はいつまでも進歩しないということを雄弁に物語っています。（中公文庫『十六の話』所収）

菜畑遺跡の発見が世界に発信された大ニュースであったとすれば、司馬氏の講演を聴いたイギリスの日本学研究者の多くもこのニュースを知っていた可能性は高いと思います。そのとき、司馬氏からあまりにも古臭い話を聞かされた彼らはいったいどう思ったことでしょう？

稲作だけではありません。

わが国の縄文土器は朝鮮半島南部からも出土しています。ということは、縄文土器も縄文時代に日本から朝鮮半島に伝わっていたのです。

韓国における考古学の研究は過去二十年ぐらいのあいだに急速な進歩をとげ、発掘調査がたくさん行われてきました。その結果、黒曜石《こくようせき》も発見されています。黒曜石というのは石をくだいてカミソリのように鋭い刃のついた利器をつくる材料です。ですから、金属が使われるようになるまでは刃物としてたいへん貴重なものでした。

私は北海道の出身ですが、北海道ではこの石を「十勝石《とかちいし》」と呼んでいます。どうしてかというと、十勝山系からこの石が出土するからです。

ところが、朝鮮半島にはこの黒曜石の鉱脈がありません。朝鮮半島にいちばん近い黒曜石の産地は島根県の隠岐《おき》の島《しま》です。したがって、朝鮮半島で発見される黒曜石は隠岐の島

5世紀のアジアの勢力図

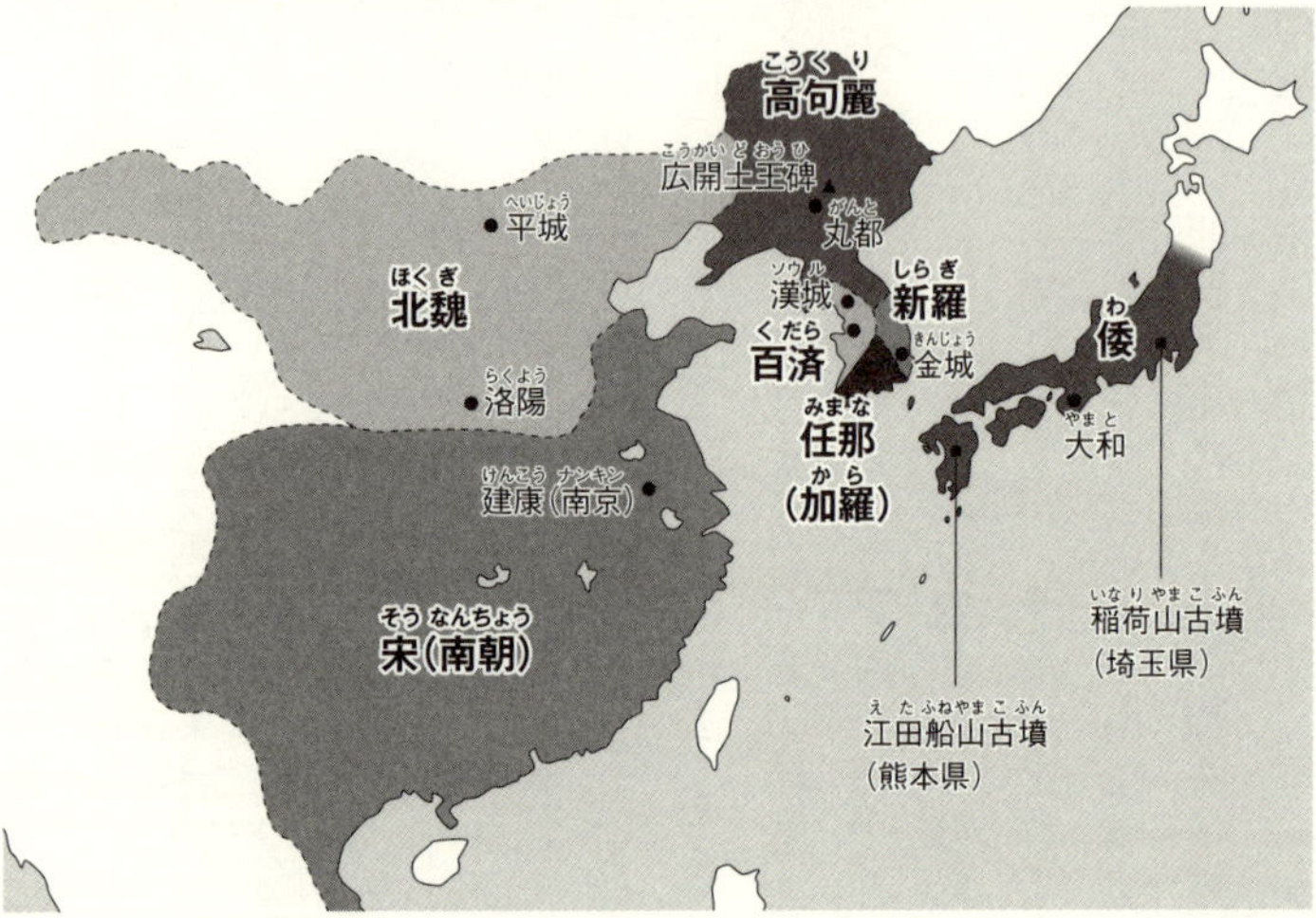

から伝わったものと思われます。ということは縄文土器や黒曜石も、日本から朝鮮半島に伝わったといえるわけです。

このように見てくると、日本が一方的に朝鮮半島から文化・文明を受容したというストーリーは完全に破綻しているといわざるをえません。

ついでに申し上げておけば、古墳時代の前方後円墳は日本で生まれ、発達したものです。その墳墓の存在は大和朝廷の勢力範囲を示します。近畿地方以下、東北から九州までこの前方後円墳が分布しているのは地方の豪族がこの墳墓をつくるようになったからです。ところがじつは近年になって、朝鮮半島の西南部からいくつもの前方後円墳が発見されているのです。時期的にいうと、日本の前方後円墳よりも半世紀から一世紀遅れてつくられています。これまた日本から朝鮮半島に影響がおよんでいたことの証拠となります。

古墳時代、朝鮮半島南部には日本が勢力下に置いていた地域がありました。ご承知のように、のちに「任那《みまな》日本府」といわれた地域です。

ところが現在の教育界では、「任那日本府」は間違いだとされています。教科書検定に際して、とくにしつこく訂正を求められるのは「任那に日本府があった」という記述です。これは絶対に訂正を要求されます。「日本からの影響があった……といった程度の表現にしなさい」と指示されます。ですから私どもの教科書でも、仕方なく「日本の影響があった」と書いております。私個人はそうではないと思っています。

以上のように、いかなる文化も朝鮮半島から日本にやってきたと思い込んでいるのは明らかな間違いです。考え方を根本的に改めてほしいと思います。

縄文人はおしゃれで、技術レベルも高かった！

『日本人ルーツの謎を解く〜縄文人は日本人と韓国人の祖先だった！』（展転社《てんでんしゃ》）という本があります。著者は長浜浩明さんといって、「新しい歴史教科書をつくる会」の群馬県支部の役員をされています。私たちの教科書運動の同志です。この長浜さんは理科系の出身で、大学で歴史を学んだ専門家ではありませんが、趣味でいろいろと研究をなさってこられた結果、これまでの学説がどれほど誤っているか、それをみごとに論証しています。最近の考古学の研究をきちんと取り入れていますから、日本人は朝鮮半島から稲作をはじめとする技術や文化を輸入したのではないということを明確にしています。学界のさまざまなしがらみや常識などを離れた自由な立場で書かれています。ですから私はむしろ、みなさんにはこういう本を読んでいただきたいと思っています。

小山修三さんという国立民族学博物館の名誉教授がいらっしゃいます。小山さんは古代史の研究全体をまとめていく立場の人で、『縄文学への道』(日本放送出版協会)という本のなかで、次のように書かれています。

> 縄文人はなかなかおしゃれで、髪を結いあげ、アクセサリーをつけ、赤や黒で彩られた衣服を着ていた。技術レベルは高く、漆器、土器、織物までつくっていた。植物栽培がすでにはじまっており、固有の尺度をつかって建物をたて、巨木や盛り土による大土木工事をおこなっていた。聖なる公共の広場を中心に計画的につくられた都市があり、人口は五〇〇人をこえたと考えられている。ヒスイや黒曜石、食料の交易ネ

青森県の三内丸山遺跡で出土した土偶と復元された掘立柱。約5500年前から1500年ほど続いた大集落で、最大で500人ほど暮らしていたという。（青森県教育庁文化財保護課所蔵）

ットワークがあり、発達した航海術によって日本海や太平洋を往還していた。その行動域は大陸にまでおよんでいたらしい。祖先を崇拝し儀礼にあつく、魂の再生を信じている。ヘビやクマなどの動物、大木、太陽、山や川や岩などの自然物に神を感じるアニミズム的な世界観をもっていた。

これが現在の実証的研究が明らかにした縄文時代の姿です。「固有の尺度を使って建物を建てた」とありますが、三内丸山《さんないまるやま》遺《い》跡《せき》のことを想起すればイメージがわくのではないでしょうか。「固有の尺度」というのは三十五センチを単位とする尺度で、この単位がその後の時代にもずっと使われていたようです。

このように縄文時代は、けっして司馬遼太郎氏がいうような「闇の時代」ではなかったのです。

ちょっと余談になりますが、みなさんにぜひお勧めしたい本があります。室谷克美氏の『日韓がタブーにする半島の歴史』(新潮新書)です。

室谷氏は時事通信のソウル特派員として韓国に駐在していたとき、朝鮮半島の歴史を勉強しているうちに、日本の学者が朝鮮半島について書いているものはほとんど嘘っぱちであることに気づいたといいます。ちょうど日本の『古事記』や『日本書紀』に当たるような正式な歴史書である『三国史記』(十二世紀)を読むと、たとえば——新羅《しらぎ》の四代目の王は倭種とされています。そこで室谷氏は「古代の日朝関係史は全部見直さなければいけない」と思ったそうです。

じつをいえば、この分野を研究している学者たちは薄々そういうことに気づいているのです。ところが、けっして見直そうとしない。その意味でも、学界以外から室谷氏や先ほど申し上げた長浜さんたちのような研究が発表されることは貴重な意味をもちます。

「公」と「私」の字源解釈

「公」と「私」という漢字があります。これがよく対比されて使われることは、みなさんもご存じだと思います。「公私混同」などという言葉もあります。でも、どうして「公」と「私」が対立概念なのでしょうか。一つの説をもとにして、私なりに少し単純化して話してみたいと思います。

この二つの漢字には共通する要素があります。「ム」という字が両方の漢字に使われていることです。この「ム」という字の意味についてはいろいろな解釈があるようですが、一説によると、「ム」は象形文字で「釘」を意味するそうです。それも、釘が折れ曲がった状態を表現しているといいます。比喩的にいうと、真っ直ぐな釘（丄）は心が曲がっていなくて正直で真実だ。それに対して釘が折れ曲がった状態（𠃊）は心が邪《よこしま》だという意味になります。「ム」は「𠃊」を回転させたものです。

さて、「私」という漢字の「禾《のぎへん》」は稲や麦などの穀類を表しています。この穀物を中心にした農産物は集団労働でしかつくれません。水田をつくるにしろ、前に申し上げたとおり、川を堰《せ》き止《と》め、その水を引いて田をつくります。灌漑用水も個人ではできません。そうした作業は共同作業によらなければなりません。家族単位で農作業をするようになったのは比較的最近の出来事なのです。つまり、共同作業によってつくられる稲や麦などの穀物は「みんなのもの」なのです。

ところが、その脇に邪な心「ム」がくっついていると、「みんなのもの」を「私《わたくし》」することになります。漢字の「私」にはそういう意味があるというのです。

反対に、「公」という字は邪な心「ム」を「ハ」という字で上から押さえつけています。邪な心を抑制する、それが「公」の意味です。

こうした「公」と「私」の区別は一種の人間論に通じるものがあります。人間は放っておくと邪な心がむずむず動き出して、利己的な行動をとりがちです。「私」に傾きがちです。そうした傾向を意図的に抑えつけ、邪な心「ム」を「ハ」というかたちで上から抑えつける。つまり、公共の利益のために邪な心を抑え、公のために奉仕しなければいけないというのが、「公」の精神なのです。

字源解釈として、なかなかおもしろいと思っています。

私は冒頭に「国家の成り立ちにおいて肝心なものは公共性です」といいましたが、それと通底する考え方が「公」と「私」の区別にはあるのではないでしょうか。

空から見た日本列島

ユーラシア大陸の東の果てに点々と連なる六千あまりの島々。海岸線の長さが百メートル以上の島の数は六千八百五十二あります。そうした日本列島が、わが国の歴史の舞台となります。

そんな日本列島を上空から見ると、三つの日本が見えてきます。宗教学者の山折哲雄さんは実際に上空から日本列島を見下ろして、「三つの日本が見えた」という話をなさっておられますが、非常におもしろい体験談だと思いました。

まず高度一万メートルの上空から見た日本はどうなっているかというと、ほとんど一面の緑です。ほとんど木で覆われている。つまり高度一万メートルの上空から見ると、縄文時代から一万年以上、私たちのご先祖さまがこの豊かな土地で暮らしてきたことがわかります。縄文時代の日本列島の姿が今日《こんにち》でも変わらずに見ることができるというのはまるで縄文時代がまだ続いているかのようです。

この縄文時代、私たちの祖先は豊かな自然の幸に恵まれ、緑の森のなかで暮らしていました。多様で柔軟な日本文化の基礎はこの一万年間の縄文時代の暮らしのなかで培《つちか》われたのだとイメージすることができます。

　また、縄文時代は争いの少ない社会であったということが最近の考古学の知見によって見えてきました。ヨーロッパの遺跡を発掘すると、頭蓋骨《ずがいこつ》に鏃《やじり》が刺さっている人骨がたくさん出てきます。ところが日本全国で何千体と出土する縄文時代の人骨のうち、武器による殺害で死んだと思われるものは数十体と、わずかな数しかありません。ですから、縄文時代の日本人はヨーロッパと比べると、ほんとうに争いのない生活を営んでいたのだということがわかります。

　次に高度一千メートルの上空から日本を見ると、今度は水田が見えてきます。昔は日本のことを「豊葦原瑞穂国《とよあしはらみずほのくに》」といいました。稲が実り栄える国、といったほどの意味です。

　日本における稲作の起源は約二千年前とされていましたが、最近の考古学の研究によって起源はどんどん遡り、三千年に近い二千数百年前とされるようになりました。稲の豊作と豊かな緑が二千数百年、日本文明を支えてきたのです。大陸や半島の国々からいろいろな技術を学びつつ、日本独自の文明をつくり上げてきたのがこの時期です。海峡を挟んで大陸とつかず離れず……という、この距離感が日本には幸運だったということができます。

　ここでひと言、注釈を加えておきますと、このように水田が広がる景観は江戸時代以降のものです。江戸時代の初めの百年間にものすごい規模の新田開発が行われ、耕地は戦国時代の三倍ぐらいになったといいます。それまでは、これほどの水田の広がりはなかったことにご注意ください。

さて、高度百メートルぐらいまで下がってくると、今度は町工場が見えてきます。日本が町工場の国だということがわかります。

幕末の黒船来航（一八五三年）で西洋文明の衝撃を受けた日本は、その一年後には自分たちの手で黒船（蒸気船）をつくり、この百五十年間、工業立国をめざし、そして成功しました。その土台となっているのが町工場です。町工場の技術が日本の工業を支え、世界の産業を支えています。

過去百数十年のあいだに日本が工業国家として急速に発展をとげた土台は、それ以前の時代のすぐれた職人の技術なのです。それがベースになっている。そして明治維新以降、一定の条件が整うと、日本は工業国家としてたいへんな成功を収めたというわけです。

このように日本列島には「三つの日本」が刻み込まれています。「三つの日本」がいまの日本をつくっているといいかえても同じことです。そのおかげで私たちの「いま」もあるのです。

歴史を学んでいくと、これら「三つの日本」が重層的に重なり合うことによって今日《こんにち》の日本が成り立っている、ということがよくわかります。

神話が語る「国のはじまり」

国のはじまりを考えるときは、それを語っている神話に耳を傾けなければなりません。いちばん古い歴史書は『古事記』ですから、『古事記』に記された神話によって、国のはじまりを考えていきます。ところが、左翼的風潮に覆われた戦後の教育は長いあいだ神話を否定してきました。しかし、中学校の学習指導要領にはこう記されているのです。

神話・伝承などの学習を通して、当時の人々の信仰やものの見方などに気付かせるよう留意すること。

当然、これに沿った教科書をつくらなければいけないはずです。ところが、驚くべきことに、各教科書会社は手抜きをして、古代日本人の「信仰やものの見方」の内容を書くことをサボってきました。このような学習指導要領があるにもかかわらず、各社の教科書は「神話からは古代の人々の考え方がわかります」といった程度の記述をするだけで、神話をどう理解するかには触れないのです。

古代の人びとの考え方を理解するには神話の中身を知らなければなりません。中身を知らなければ、肝心の神話がわかるはずもありません。

ところが現行の多くの歴史教科書は中身には触れず、指導要領と同じような文言をただ書き連ねるだけなのです。戦後のマルクス主義に毒された考え方から、「神話などというものは荒唐《こうとう》無稽《むけい》なシロモノだ」としてばっさり切り捨ててしまうのです。ひどい話です。

そこで私ども、自由社の教科書が初めて神話の中身に触れました。

育鵬社という教科書会社がありますが、基本的な方向は私たちの教科書と同じです。なぜ同じかというと、じつはあそこの教科書はもともと私たちが書いたものだからです。それをリライトしてつくったのが育鵬社の教科書です。他人の書いたものをリライトして教科書をつくるというのは、りっぱな行為とはいえません。その点をはっきりさせようと、私どもはいろいろな主張をしているわけですが、教科書の内容としては、育鵬社のものは大筋においては問題はありません。私たちが書いた内容をリライトしているのですから、当然です。

ところが教材研究をしているなかで、育鵬社の教科書にちょっと困った記述があるのを見つけてしまいました。「神話にみるわが国誕生物語」という見開きのコラムですが、そこにこう書かれているのです。

記紀によれば、日本列島をつくったのはイザナキ、イザナミという男女の神でした。雲の上から長い鉾《ほこ》で海をかき混ぜ、したたり落ちた滴《しずく》が本州や四国など八つの島々になったといわれます。そのためわが国は大八州《おおやしま》の国とも呼ばれています。

お気づきになった人はいらっしゃいますか？　この記述、少しヘンだとはお思いになりませんか？

繰り返していいます。イザナキ、イザナミが鉾で海をかき混ぜ、したたり落ちた滴《しずく》が本州や四国など、八つの島々になった、と書いてあります。これは明らかに間違いです。なぜならイザナキ、イザナミが長い棒で海をかき混ぜたら、八つの島ができたわけではないからです。そうやって海をかき混ぜてできたのはオノコロ島です。その島にポンと飛び降りて、そこで国生みのミッションを果たそうとしたわけです。

島の真ん中には天《あめ》の御柱《みはしら》があって、それぞれ反対側から天の御柱をまわり、出会ったところでお互いに「ああ、なんと美しい男だこと」、「ああ、なんと美しい女だこと」と褒《ほ》め合ってまぐわいをします。「まぐわい」というのは性交という意味です。性交を表す日本語の語彙《ごい》のなかでもっとも品格のある言葉だそうです。ところが、生まれた子は「蛭子《ひるこ》」

といって骨がなく、ぐにゃぐにゃした未熟児でした。欠陥のある子が生まれてしまった。そこで二人は「どうしたらいいだろう」と、天上の神様に相談に行きます。神様は太占《ふとまに》といって鹿の骨を焼いて占いをした。すると、先に女性のほうから声をかけたのが良くなかったということがわかりました。そこで、神様は「今度は男性のほうが先に声をかけてごらんなさい」と助言したのです。

もう一度オノコロ島に戻ったイザナキ、イザナミが天の御柱をまわり、こんどはイザナキが先に「ああ、なんと美しい女だこと」といってからまぐわいをやり直したところ、うまく子供（国）を生むことができました。そうして生まれたのが八つの島なのです。

育鵬社の教科書の「神話にみるわが国誕生物語」には、このオノコロ島の一連のストーリーがすっぽり抜け落ちているのです。

さて次は、この八つの島がどういうふうに、どういう順序でできたかを想像してほしいと思います。

フーテンの寅さんの映画「男はつらいよ」をご覧になった人はよくわかるのではないでしょうか。渥美清扮《ふん》する寅さんは香具師《やし》の口上で、「国のはじまりが大和《やまと》なら、島のはじまりは淡路島！」といっています。

淡路島が最初に生まれた島なのです。これは、じつは戦前の尋常小学校の教科書には書かれていたことです。だから、フーテンの寅さんでも知っていたわけです。

二番目に生まれたのは四国です。三番目は隠岐島《おきのしま》。問題は本州をどう扱うかですが、本州は最後になります。四番目は九州で、五番目、六番目が壱岐《いき》、対馬《つしま》。七番目が佐渡島です。どうしてこのような順序になっているのか、それを考えるのもけっこう楽しいものです。

最後の八番目が「秋津島《あきつしま》」といって本州です。もっとも大きく、もっともりっぱな島が最後に姿を現わすところに、明らかにひとつの大きなストーリーを見出すことができるのではないでしょうか。

以上が国生み神話です。

「国譲りの神話」を読む

次に「国譲り」の話に移りたいと思います。

「一富士、二鷹、三茄子《なすび》」という言葉があります。なんのことか、みなさんもご存じだと思います。初夢を見たとき、「縁起がいい」とされる夢の順番です。いちばん縁起がいいのは富士山で、二番目が鷹、三番目が茄子というのです。どうして三番目が茄子なのかよくわかりませんが、一説には——富士山は日本一高いから、鷹は空高く舞い上がるから、茄子は「事を成す」に通じるから、という解釈があります。ともかく、富士山が世界文化遺産になったことは日本人としてたいへん誇らしいことです。

ちなみに、初夢は十二月三十一日、除夜の鐘が鳴ってフトンに入ってから見る夢ではありません。年を越して元旦の夜に見る夢、それが初夢です。

この初夢の三大話に似たものに、平安時代の子供たちが口ずさんでいた「雲太《うんた》、和二《わに》、京三《きょうさん》」という言葉があります。先ほどは縁起のいい夢の順番でしたが、これはなんの順番でしょうか？

最初の「雲」という字に注目してください。地名だと考えると……すぐ思い浮かぶのは「出雲《いずも》」です。では、「和」はなんでしょう？「大和」です。すると、「京」は当然「京都」ということになります。

日本で丈《たけ》の高い建造物を三人兄弟にたとえると、①出雲大社（出雲太郎）、②奈良の大仏殿（大和二郎）、③京都御所の大極殿《だいごくでん》（京三郎）の順になるというのです。社殿の高さは出雲大社が一番、東大寺の大仏殿が二番、京都御所の大極殿が三番、これがベスト・スリーというわけです。

では、なぜ出雲大社がいちばん高いのか？　この謎は『古事記』を読めば解けます。

神話に登場するオオクニヌシノカミは因幡《いなば》の白ウサギを助けた情け深い神様で、出雲地方を中心に広い国土をりっぱに治めていました。オオクニヌシはのちに、七福神のひとりである大黒天と重ねられて「大黒様」と呼ばれて親しまれるようになります。ところが七福神とオオクニヌシはまったく系統が違います。しかし、どういうわけか大黒様と重ねられました。

皇室の祖神とされるアマテラスオオミカミは高天原《たかまがはら》で神々と相談し、オオクニヌシに地上の国土の統治権を譲り渡すよう、使者を派遣して交渉させることにしました。ところが一回目と二回目の使者はオオクニヌシに従ってしまい、天上に帰ってきませんでした。最初に行った使者の名前はアメノホヒといいます。この神様は三年経っても報告をしてきませんでした。

二人目はアメノワカヒコといい、八年経っても帰ってこない。それどころかオオクニヌシの娘と結婚して、アマテラスの勢力に弓を引いて反抗します。そのため、天上の神々の呪力によって亡くなってしまいます。

ともかく、最初の二人の使者はオオクニヌシに取り込まれてしまったというわけです。

そこで三人目として、タケミカズチノカミという武闘派の神様が派遣されます。タケミカズチは出雲の稲佐《いなさ》の浜に行くと、刀を突き立てて胡坐《あぐら》をかき、「この地上の国はアマテラスの子孫が治めるべきもの。この国を譲りなさい」と威嚇《いかく》しました。それに対して、オオクニヌシは「二人の息子の意見を聞きたい」と回答します。

二人息子の兄のほうはコトシロヌシノカミ。長男坊でのんびりした性格です。ボーッとしているといってもいいでしょう。だから、タケミカズチから国譲りを迫られると、「まあ、いいでしょう。承知した」と答えています。

次は弟のタケミナカタノカミです。このタケミナカタのほうは負けん気の強い性格だったようで、国譲りの話をもちかけられると、「いや、そんな話は納得できない。どうしてもというなら、力比べをしよう」ということになります。そこでタケミカズチとタケミナカタの力比べが行われます。この勝負は、アマテラスの派遣したタケミカズチのほうが圧倒的に強く、タケミナカタは投げ飛ばされてしまいます。そこで諏訪湖のほうまで逃げたものの、ついに追い詰められて降伏しています。「もうこれ以上は反抗しません」と仁義を切って、諏訪大社の祭神《さいじん》になっています。

そうなると、オオクニヌシももうこれ以上は抗《あらが》えないと観念して、国を譲ることを決断します。「ただし」といって条件をつけます。「息子たちのいうとおり、この国を献上いたします。ただ私の住処《すみか》として大地の底まで宮柱が届き、高天原まで千木《ちぎ》が高く聳《そび》え立つほどの大きくりっぱな神殿をつくってください。そして私を祀《まつ》ってください。そうすれば私は引退して身を隠します」といったのです。

千木というのは、屋根のてっぺんの両端で木を交差させたものです。それが高天原まで届くほど高く聳え立つ、それほどまでに高い神殿を建ててほしいといったわけです。

この話は『古事記』に載っています。

国譲り神話から見えてくる古代日本人の精神

この国譲りの話からは、古代日本人が政治のあり方としてなにを理想としたかが見えてきます。三つ指摘してみたいと思います。

まずいえるのは、合議制を尊んだということです。高天原の主であるアマテラスオオミカミはけっして専制君主ではありませんでした。天の安河原《あめのやすのかわら》に集まって、いつも会議をしています。オオクニヌシに国譲りをさせようというときも、アマテラスは神々に相談して、その合議に基づいて結論を出しています。オオクニヌシも国譲りを迫られたとき、「息子たちの意見を聞いてほしい」といっています。つまり、日本には話し合いで物事を決める伝統が神代の昔からあったのです。これは日本的合議システムの起源といえると思います。

二つ目にいえることは、世界の他の地域では「国譲り」などはとても考えられない、ということです。国譲りどころか、国土を奪い合って皆殺しの戦争をしています。ところが国譲りの神話では、大規模な統治権の委譲が、戦争ではなく話し合いで決着しています。このようなところは地球上のどこにもありません。

三つ目。ここで、国を譲ったオオクニヌシの心理に立ち入ってみたいと思います。

自分はなにも悪いこともしていないのに、汗水たらして苦心の末につくり上げた国を他者に譲るのですから、オオクニヌシはさぞかし悔しい思いをしたに違いありません。そこで彼は「りっぱな神殿をつくって、私を祀《まつ》ってください」という注文をつけたのです。天上の神々、すなわち大和朝廷は、彼の希望どおりに巨大な神殿をつくってオオクニヌシを祀りました。それが出雲大社です。

大和朝廷は、日本でいちばん高い建造物になるように出雲大社を造営せざるをえなかったのだと思います。だから、平安時代の子供たちも「雲太《うんた》、和二《わに》、京三《きょうさん》」と歌い囃《はや》して巨大建造物の順番を覚えたのです。

勝者は敗者に対して、その功績を認め、名誉を讃え、魂を鎮《しず》める祀《まつ》りを欠かさなかった。

——古代の日本人はこうしたあり方を理想としていたのです。

こうした考え方はその後の日本人にも受け継がれています。

たとえば日露戦争のとき、乃木希典《のぎまれすけ》将軍は旅順戦で投降したロシアのステッセル中将が会見にやってくると、帯剣を許しています（一九〇五年）。敗軍の将にも敬意をもって接した好例です。

これに対して、当のロシアで革命が起きるとどうなったか。ロマノフ王朝のニコライ二世は一家ともども殺されています。王家の馬まで殺されています。ヨーロッパやロシア、中国などでは、政治的敗者は虐殺されたり、さらには墓を暴かれたりして、とことん侮辱されるのが通例です。韓国を見てもそうでしょう。退陣した大統領はかならずといっていいほど罪に問われているではありませんか。

日本はそうした諸外国とまったく異なります。そうした違いが、この「国譲り神話」から読み取れるのです。

日本の歴史を振り返ると、たしかに「××の乱」とか「××の戦い」があって、よく戦いをしているようにみえますが、日本の戦争はままごとのような戦争です。一四六七年から七七年まで十一年間も続いた応仁《おうにん》の乱がいちばん規模の大きい戦争でした。それにしたところで全国的な争いではなく、京都をめぐる範囲内で起きたものです。外国の基準からすると、日本ではほとんど大規模な戦争は起こっていないといっても過言ではありません。

出雲大社の謎を解く

ところで、現在の出雲大社の高さは二十四メートルです。それに対して東大寺の大仏殿の高さは四十七メートル（計測方法によって諸説あり）。京都御所の大極殿の高さがどれくらいであったのか、これはちょっとわかりませんが、現在の出雲大社の高さですと、東大寺大仏殿のほうがはるかに高くなってしまいます。「雲太《うんた》、和二《わに》、京三《きょうさん》」と口ずさまれていたというのに、東大寺大仏殿のほうが高いのはなぜなのでしょう？

じつは二〇〇〇年に出雲大社の境内から宮柱の跡が出てきました。それは直径一メートルぐらいの大木を三本、太い針金のようなもので束ねて太い柱として、それを合計九本建て、そのうえに宮殿を建てていたことがわかりました。それはどうやら平安時代のことらしいと判明しました。そのうえで建設会社が構造力学にもとづく計算をしてみると、高さはなんと四十八メートルになる。したがって、わずかな差ではありますが、出雲大社のほうが東大寺大仏殿よりも高かったことになります。このように出雲大社が日本一の高さであったことが境内の遺構から実証されたのです。

戦後の歴史学者や考古学者たちは「国譲り神話は大和朝廷の官僚たちが適当につくった

出雲大社の伝承に基づく復元模型。
（島根県立古代出雲歴史博物館所蔵）

話ですよ」と、簡単に片づけてきました。大和朝廷の正当性を高めるために「国譲り」の神話をでっち上げたに違いないと決めつけてきたわけです。その根拠としたのは、出雲地方からは弥生時代の主だった遺物がなにも出土していないことでした。考古学者や歴史学者は口をそろえて「出雲のような辺鄙《へんぴ》なところに政治の中心があったとはとうてい考えられない」といってきました。

ところが、出雲大社の遺構が発見される前の一九八三年、斐川町（現・出雲市）の荒神《こうじん》谷《だに》遺跡からなんと三百五十八本もの銅剣が一挙に出土したのです。この本数は、当時、日本全国で見つかった銅剣すべてに匹敵するぐらいの数でした。それが一か所から出てきたばかりか、さらに銅矛《どうほこ》十六本と銅鐸《どうたく》六口も出土しました。

一九九六年には、やはり島根県の加茂町（現・雲南市）の加茂岩倉《かもいわくら》遺跡から続々と銅鐸が出土して、その合計は三十九口。

出雲地方から銅剣、銅矛、銅鐸がこれだけまとまって出てきたということは、大和朝廷が日本を統一する前の時代、出雲は政治の中心地であったと推測することができます。そのため、考古学者たちは「なぜ出雲のような僻地《へきち》が政治の中心地だったのか」といって絶句したと伝えられています。

もちろん、神話を歴史と同一視するのは危険です。しかし、こうした出土品を見ると、『古事記』に記された「国譲り」の神話は大まかな輪郭として歴史的事実を反映していたと考えられるのです。

1996年（平成8年）、島根県の加茂岩倉遺跡で発掘された39口の銅鐸。一つの遺跡からの出土としては最多記録である。（島根県立古代出雲歴史博物館所蔵）

「神武東征」象徴する国づくりの過程

私どもの教科書は『古事記』『日本書紀』に登場する主な神々の系図を載せています。右端に天照大御神《あまてらすおおみかみ》がいらっしゃって、次に天上から地上に降臨なさった迩迩芸命《ににぎのみこと》、そして「山幸彦」として知られる火遠理命《ほおりのみこと》へ続き、その世継ぎであるとともに初代天皇の父でいらっしゃる鵜葺草葺不合命《うがやふきあえずのみこと》がきたあと、最後に初代天皇の神武天皇に収斂《しゅうれん》していくという系図です。

その神武天皇が九州から奈良の大和地方に東征して国を建てます。それが「神武東征」という話になるわけですが、これは「神話」ではなく「伝承」と呼ばれています。

この「神武東征」の伝承のなかで、熊野国から大和国まで神武天皇の一行を道案内したとされるのが三本足の八咫烏《やたがらす》です。八咫烏は日本サッカー協会のシンボルマークになっていますので、歴史の授業のとき、先生がたがサッカー協会のマークを黒板に貼ったら生徒たちからも喜ばれるのではないでしょうか。

それはともかく、ここで考えていただきたいのは、なぜ神武天皇が最初から大和に直行せず、いろんな国を経由して行ったのかという問題です。

神話に登場する神々の系図

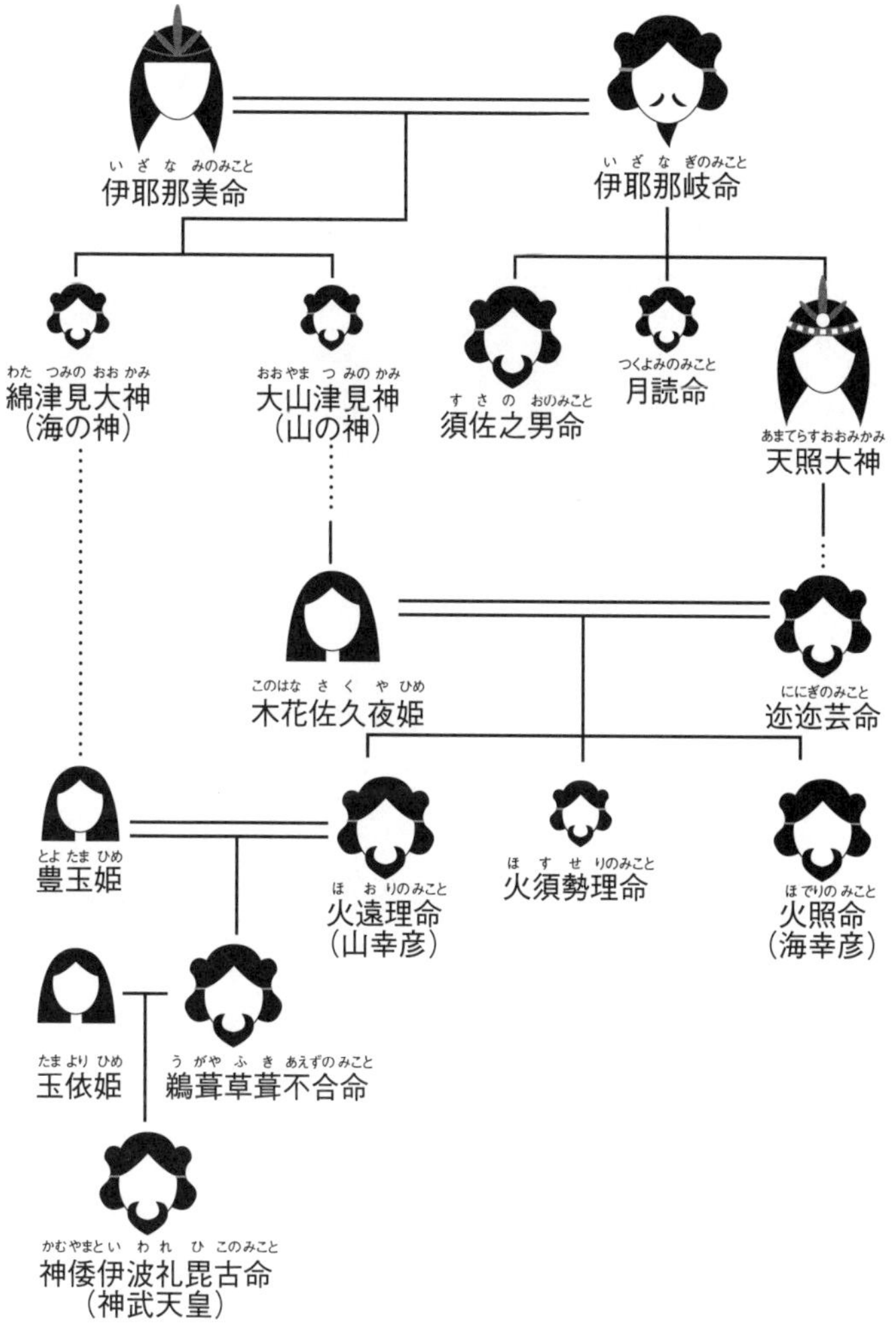

『古事記』によって、神武天皇の行程を整理しておきますと、次のようになります。日向《ひむか》（宮崎県）の高千穂の宮→筑紫（福岡県）→豊《とよ》の国の宇沙《うさ》（大分県宇佐市）→筑紫の岡田の宮に一年滞在→安芸《あき》の国（広島県）の多祁理《たけり》の宮に七年→吉備《きび》（岡山県）の高島の宮に八年、そして大阪から奈良のほうに向かっています。

なぜ神武天皇は東征するのにこれほどの寄り道をし、そうしてこれほどの時間をかけたのでしょう？

この分野の専門家である高森明勅《たかもりあきのり》さんの説によれば——大和へ向かう先々で、それぞれの地の集団、いいかえれば各部族のパワーを吸収することによって、より強い存在となり、大和朝廷の基礎がつくられていくのだということになります。大変よくわかる解釈だと思います。じっさい書かれていることを読むと、神武東征の途中の部族の長《おさ》は「お仕えいたします」とか「御心《みこころ》に従います」といって、いろいろな地域がそれほど争わずに勢力下に入っていく……というかたちをとっています。

ですから、「神武東征」は征服戦争というイメージとは若干違います。よく知られたナガスネヒコとの戦闘とか、エウカシの陰謀とか、血なまぐさいエピソードもありますが、基本は神武天皇が各地のパワーを糾合していくパターンになっています。それこそが日本という国ができていくプロセスを象徴しているのだということができます。

消滅した「騎馬民族説」

終戦直後の一九四八年、東大教授の江上波夫《えがみなみお》氏が「日本民族＝文化の源流と日本国家の形成」というシンポジウムで「騎馬民族征服王朝説」を提唱し、それがのちに『騎馬民族国家』（中公新書）という本にまとまりました。その「騎馬民族説」の骨子は次のとおりです。

――東北ユーラシア系の騎馬民族が南下して朝鮮を支配し、やがて日本列島に入り、四世紀後半から五世紀に、大和地方の在来の王朝を支配して大和朝廷を立てた。それが日本国のはじまりであるという説です。

二〇〇九年、民主党が政権交代を果たしたとき、幹事長・小沢一郎氏はソウルの国民大学で約三百人の学生を前に講演を行っています。そのなかで江上波夫氏の「騎馬民族説」に触れたのです。私たちの「新しい歴史教科書をつくる会」の機関誌「史《ふみ》」（二〇一〇年三月号）がその講演要旨を載せていますので、一部を引いておきます（原文のママ）。

日本で東京大学の教授でありまして歴史の専門家でございます江上（波夫）先生と

いう先生がおられました。この先生は、日本国家の成り立ちを騎馬民族征服説というのを強く訴えられた方でございます。（中略）

その江上先生の説が、朝鮮半島南部、いわば韓国に現在ではあたりますが、この地域の権力者がたぶん海を渡って九州にたどり着き、九州に拠点を構え、それから海岸沿いに、ずーっと紀伊半島、和歌山県とか三重県とかいわれるところでありますが、三重県まで九州からずっと海づたいに来まして、そして三重県に上陸、今の奈良県に入って、奈良盆地で政権を樹立した。それが日本の神話で語られております。神武天皇の東征という、初代天皇がそうでありますが、江上先生はそういう説をずっと唱えておられまして……。（中略）

まぁこれは、あまり私が言いますと、国に帰れなくなりますので（笑いが起こる。自分も笑みをうかべる）強くは言いませんけれども、たぶん歴史的な事実であろうかと思っております。

「日本の起源は韓国にある」といって、ソウルの大学生に媚《こ》びを売ったわけです。このとき、小沢幹事長は「古代のモノの本にも、日本の大和朝廷と百済《くだら》や新羅《しらぎ》との交流のなかで通訳を使った記録はまったくありません」という発言もしています。

……ということは、日本と百済、新羅のあいだでは言葉がいっしょだったということになります。そんなバカな話はないと思いましたので、私はさっそく高森明勅さんに電話をして「通訳を使った記録がないというのはほんとうですか？」と尋ねました。高森さんは一晩かけて『日本書紀』をひっくり返して、「少なくとも二か所、通訳の記録が見つかりました」と連絡してくれました。

百済について調べたところ、通訳は日本語では「譯語《おさ》」といったそうです。そして新羅についても調べたところ、六四九年に新羅から上級の役人が人質《ひとじち》として日本に送られてきた記録があり、その従者三十七人のなかに、やはり「譯語《おさ》」がひとりふくまれていたといいます。

それにしても、新羅が日本に人質を送るということは新羅が日本に対して朝貢国《ちょうこうこく》であったことを意味します。そういう歴史をまったく無視して、日本の政治家が韓国に迎合するような発言をするというのは、じつに由々《ゆゆ》しき問題ではないでしょうか。

以上のような歴史的事実からしても、騎馬民族説が成り立たないことはわかると思います。騎馬民族が日本列島を征服したとすれば、その征服の時期の大量の馬具などが出土するはずなのに、そういうものは五世紀になるまで出てきておりません。ですから現在、考古学者や歴史学者で「騎馬民族説」をとっている人はほとんどひとりもいなくなりました。

また、たくさんの馬を飼って大草原を疾駆《しっく》する騎馬民族にとって、いちばん大事な技術はオスの馬を制御することです。オスを去勢しておかないと馬はおとなしくならないからです。ところが、日本には去勢技術が入ってきておりません。日本人はどうも去勢を嫌ったようで、中国の宦官《かんがん》（後宮に出入りするため去勢された官僚）などの風習も拒否しています。ですから、のちのち戦国時代の日本にやってきたヨーロッパ人は去勢されていない馬が農耕に使われているのを見てギョッとしたといいます。

ちなみに、江上氏の「騎馬民族説」については上智大学名誉教授の渡部昇一さんが『歴史から壊れていく日本』（徳間書店）という本のなかで、こんな体験談を披露されています。

当時（一九六八年ごろ――藤岡注）、文藝春秋の九階に日本文化会議の本部があって、そこでは毎月一度、話題の先生をお呼びしてお話をうけたまわる会が開かれていました。『騎馬民族国家』はたいへん話題になった本でしたから、江上先生をお招きしました。その場にはのちの東大総長・林健太郎先生、評論家の福田恆存《ふくだつねあり》先生など、大先生が大勢いらっしゃいました。四十年前のことですから私は若造で、江上先生のお話は末席で聞いていました。（中略）

さて、講演のあとは質疑の時間があります。そこで私が最後にこう聞いたのです。「騎馬民族説はたしかに迫力がありますが、『古事記』にも『日本書紀』にも馬に乗った天皇は出てきません。これはどうしたものでしょうか？　天皇が騎馬民族だとしたら馬に乗られたはずだと思うのですが……」と。そうしたら驚いたことに、江上先生が「エッ！」といってから、こうつぶやいたのです。「書いてなかった？　出てこなかった？　馬に乗った天皇は出てこない？　そりゃ困ったナ……」と。そして、そのまま尻切れとんぼで終わってしまったのです。

「騎馬民族征服説」のような間違った説が流布したのは、戦後の非常に混乱し歪んだ時代風潮にあって、とにかく「朝鮮半島から日本が支配された」というストーリーをつくりたいという人びとがいたからではないでしょうか。現在では騎馬民族説を相手にする人は誰ひとりとしておりません。

しかし、この種の「トンデモ古代史」はまだまだたくさんあるのです。

最近でいうと、古田武彦氏が「九州王朝説」を唱えていました。七世紀の末まで、日本を代表する王朝は九州にあって、その首府が大宰府《だざいふ》だったという説です。一見したところではもっともらしく、また書き方も巧みでなかなかおもしろく読むことができます。ですから私は古田武彦氏の主な著書はほとんど、推理小説を読むような感覚で読みました。そして結論は……真っ赤な嘘だ、と思いました。
七世紀の末まで九州に王朝があったなどという記録はどこにもないし、他の地域とも整合しません。部分的には古田氏がいっていることにも当たっているところはあると思います。しかし、日本の歴史の本筋を見失ってはいけないのです。

「階級闘争史観」で歪められた「奈良時代の暮らし」

歴史教科書には、悪名高い「奈良時代の食事」という一項目があります。貴族の食事と庶民の食事を対比的に説明した箇所です。自由社と育鵬社以外の教科書は、全社が以下のような説明を掲載しています。代表として、東京書籍のものを掲げておきます。

一般の人々の食事は、玄米を主食に、野菜、山菜などを具にした汁《しる》がおもなこんだてで、これに煮物がつけられることもありました。1日2食がふつうでした。

山菜主体の食事がいかにも貧しそうなイメージを与えます。一方、貴族の食事はどうかというと、やたらにおかずの種類が多く、贅沢《ぜいたく》な印象が伝わってきます。

つまり、これも前述した「階級闘争史観」にのっとっているわけです。貴族は贅沢な食事をして、庶民は貧しい食事を余儀なくされたという対比が強調されているのです。じつはこの紹介の仕方には根本的な問題があります。「貴族の食事」として挙げられているのはお祝い事のときの食事、つまり宴会の食事です。ハレの日のお祭りのときの食事です。それを庶民の日常の食事と比べて、子供たちに「ああ、支配階級は貧しい庶民を虐《しいた》げてこんな贅沢な暮らしをしていたのか」といった「反権力」の気持ちを植え付けようという狙いが込められているのです。

また、教科書には「一般の人々の食事は1日2食がふつうでした」とあり、奈良時代の庶民はハラがへっただろうな、と思わせるように書かれています。でも当時は貴族であれ、庶民であれ、一日二食が当たり前でした。一日三食になったのは江戸時代に入ってからです。江戸時代の職人は仕事の途中でお腹が空くので「おやつ」を食べた。それがきっかけで、やがて一日三食になったのです。異説もありますが、いずれにせよ、そうした事実を記さないで、奈良時代の庶民は「1日2食がふつうでした」と書いたのでは、子供たちが庶民の暮らしを誤解することになりかねません。

帝国書院の山上憶良《やまのうえのおくら》「貧窮問答歌《ひんきゅうもんどうか》」の紹介も問題です。

ひとなみに働いているのに、ぼろな服をかけ、おしつぶされ低くなった小屋の中で、地べたにわらをしき、父母は私のまくらもとで、妻子は足もとにいて悲しんでいる。かまどや米を蒸すこしきは使われず、長い間ご飯もたいていない。……そこにムチを持った里長《さとおさ》が租《そ》を取り立てる声が聞こえて来る。これほどまでにどうしようもないものなのか。この世に生きるということは。

奈良時代の庶民の暮らしがいかに惨憺《さんたん》たるものであったか、それを強調するために憶良のこの「貧窮問答歌」を紹介したのでしょう。これも「階級闘争史観」に沿ったものであることは明らかです。

ただし、よく見ると、「貧窮問答歌」の引用・紹介の下のほうに「＊《アステリスク》」が付されていて、そこには「役人の山上憶良が、中国文学の影響を受けて、人生や社会を歌にしたものです」という断り書きがあります。つまり、この歌は中国文学のパロディであり、「憶良の実体験ではありませんよ」といっているわけです。奈良時代の庶民たちの悲惨さを強調する帝国書院の筆者たちもさすがに史実に反することを書くわけにはいかないので、このような断り書きを入れざるをえなかったのでしょう。

俗に「食いものの恨みは恐ろしい」といいます。それに付け込むかのようにして、食べ物を材料にして――「豊かな生活をしている奴らがいる。贅沢をしている奴らがいる。それに比べてわれわれ庶民は……」といった怨念を植え付けようとしていることは明白です。でも、そういうことは教育では絶対にやってはいけないことなのです。教育という仕事においては高貴な精神を育てるのがもっとも大切です。それに反していますそれがこうした教科書の最大にして、かつ根本的な問題点です。

終戦直後の昭和二十一年五月十九日、「食糧メーデー」というものがありました。占領下の食糧難の時代でしたから、労働運動も非常にさかんでした。そこで、天皇陛下はものすごく贅沢をしているに違いないと思って、共産党がアジテーションを行ったのです。皇居にデモをかけたときのプラカードには「朕《ちん》はタラフク食ってるぞ、汝《なんじ》人民飢えて死ね」などと卑劣な標語を書き込みました。そしてデモ隊の一部が皇居に乱入したところ、陛下の日常生活は意外にも質素だったことがわかって、この共産党のデモは逆効果だったといわれております。

貴族（支配者）の食事と庶民（被支配者）の食事の差を教科書に載せて子供たちを挑発し、誤った知識（階級闘争史観）を植え付けるのは、ほんとうに止めてほしいものです。全国の教育委員の人たちが良識をもっていれば、自由社と育鵬社以外の教科書を採用するなどもってのほかだと考えるはずなのに、残念ながら実情はまだそうなっておりません。

「朝貢」に見る現行教科書の偏向

東京書籍の教科書には「東アジア世界の朝貢《ちょうこう》体制と琉球王国」という記述があります。ちょっと読んでみましょう。

朝貢とは、周辺諸国の支配者が中国に使節を送り、皇帝に貢ぎ物を差し出す制度です。中国では、文明の進んだ中国が世界の中心であり、周辺の国々が皇帝の徳を慕って貢ぎ物をおくるのは当然だと考えられていました。周辺諸国も、支配者としての地位を皇帝から認めてもらうほか、貢ぎ物のお返しに、絹や銅銭などを得ることができたので、朝貢は有利な制度でした。朝貢制度は漢の時代に始まり、欧米の勢力が東アジアに入ってくる19世紀まで、約2000年続きました。

野蛮国、未開の国の酋長のような人物が朝貢に訪れたという説明で、いかにも未開の国の人が着るような服装をしています。とりわけ日本人の服装はみすぼらしく描かれています。

問題は朝貢する日本人の服装がみすぼらしいだけではありません。「欧米の勢力が東アジアに入ってくる19世紀まで、朝貢は約2000年続きました」と書いてあるのは見逃せません。なんとなれば、日本も十九世紀まで朝貢制度に組み込まれていたと誤解されかねないからです。

たしかに、十九世紀まで朝貢を続けた国もあります。朝鮮、琉球、ベトナム、タイといった国です。では、日本はどうだったか。私たちは日本人ですから、そこがいちばん知りたいにもかかわらず、日本のことが書かれていないのです。

ご存じのように、日本は早くから冊封体制を脱し、「不臣の朝貢国」となり、やがて朝貢も途絶えていきます。それによって国家としてのアイデンティティをつくり上げてきました。ここが決定的に重要なポイントなのに、東京書籍の教科書はそこを逃げているのです。まさに、前述した「中韓隷属史観」に縛られているため、日本の「自立」ともいうべきたいせつな事項を曖昧《あいまい》にし、ごまかしてしまっているのです。

第二講

日本人が初めて「国」を意識した元寇の戦い

~中世の日本へ／飛鳥・奈良・平安・鎌倉・室町時代~

聖徳太子の偉業

本講では中世の日本について学んでいきたいと思います。

その前に、中世に至る流れを整理しておきますと、聖徳太子の登場によって日本は中央集権国家の建設に進んでいきます。

聖徳太子が推古女帝の皇太子となったのは六世紀末のことです。当時の中国は隋《ずい》が統一を果たしていました。そこで聖徳太子は遣隋使《けんずいし》を派遣することを決めます。遣隋使の派遣は六〇〇年から六一八年のあいだに五回あって、最初の派遣が六〇〇年。このときの遣隋使から強大な隋について報告を受けた聖徳太子は、ただちに日本国内の改革を決意します。「改革」という言葉が適切かどうかわかりませんが、国内の体制を整備してから外交に臨むべきだと、強く思ったはずです。

そこで「冠位十二階《かんいじゅうにかい》」と「十七条の憲法」を定めます。

冠位十二階を定めたのは六〇三年。紫、青、赤、黄、白、黒という六通りの色を濃と淡の二つに分けると、合計十二通りの階層ができます。そうした十二通りの色の服を役人に着用させ、行き交う人がどういう身分の人なのか、どれくらいの地位の人なのか、それを一目見てわかるようにしたのです。大和朝廷は基本的には豪族の寄り合い所帯でしたから、多くの場合、有力豪族の世襲で朝廷の主要な役職は占められていました。聖徳太子はそうした世襲を嫌い、国家のために働く能力のある人、ほんとうに実力のある人を取り立てていく狙いで冠位十二階を定めたのです。

そして、翌年の六〇四年につくられたのが十七条の憲法です。この憲法は日本の歴史上初めて公《おおやけ》に発された言葉でした。この十七条の憲法はすべて大事なので、私どもの教科書では「一に曰《いわ》く、和をもって貴《とうと》しとなし、さかうることなきを宗《むね》とせよ」ではじまる憲法のポイントを短い言葉に現代語訳して、十七か条すべてを掲げています。

①和を貴《とうと》び、人にさからいそむくことのないように心がけよ。
②あつく三宝《さんぼう》を敬《うやま》え。三宝とは、仏と、法（仏の教え）と、僧（教えを説く僧侶）である。
③天皇の詔《みことのり》を受けたら、必ず謹《つつし》んでこれに従え。
④役人は、人の守るべき道をすべての基本とせよ。
⑤裁判は公平に行え。
⑥悪をこらしめ、善をすすめよ。

⑦人は各自の任務を果たせ。
⑧役人は早く出勤し、遅く帰ること。
⑨すべてのことに、嘘偽《うそいつわ》りのないまごころをもって当たれ。
⑩人の過失を怒ってはならない。
⑪功績があれば賞を、罪を犯したら罰を、正しく与えよ。
⑫地方官は人民から税をむさぼり取ってはならない。
⑬役人は自分の職務の内容をよく理解せよ。
⑭他人に嫉妬《しっと》の心を持つな。
⑮私心《ししん》を捨てて、公の立場に立つのが、君主につかえる者のつとめだ。
⑯人民を労役《ろうえき》に使うときは、農業の仕事の暇なときにせよ。
⑰大切なことは独《ひと》りで決めないで、みんなとよく議論して決めよ。

前講でも見たように、オオクニヌシに「国譲り」を迫るとき、アマテラスは自分ひとりで決めないで天上の神々に相談しました。「大切なことは合議のうえで決めよ」という十七番目の教えや、最初の「和を貴べ」という教えがその後も長くわが国の基調として保たれてきたことは周知のとおりです。

国書「日出ずる処の天子」の衝撃

こうした国内改革を進めたうえで、ふたたび隋に遣いを出したのは六〇七年でした。このときの遣隋使代表が小野妹子《おののいもこ》という人物です。彼は冠位十二階の制度で取り立てられた、たいへん有能な人物だったといわれています。

この小野妹子が隋の皇帝・煬帝《ようだい》に手渡したのが、有名な「日出《ひい》ずる処の天子、書を日没《ひぼっ》する処の天子に致す。恙無《つつがな》しや、云々《うんぬん》」と書かれた国書です（『隋書』による）。隋の煬帝はこの手紙が無礼だといって激怒しました。

なぜか――。

「天子」とは天の子ですから「皇帝」をさします。つまり、「日出ずる処の天子」は日本の皇帝という意味になります。ところが、「皇帝」というのはこの世の中にひとりしか存在しないというのが中国の常識なのです。文化・文明の中心の地である中国の皇帝、すなわち煬帝だけなのです。

中国では皇帝のいる中国を中心にして、その周辺に野蛮で文明の劣った国が存在するというかたちで世界を考えます。この思想を「中華思想」といい、それにのっとってできた

隋の第2代皇帝、煬帝。高句麗との戦争を控えていたため、日本との関係を重視した。

遣隋使の代表に選ばれた小野妹子。地方豪族出身だが実力を聖徳太子に認められた。（華道家元池坊総務所所蔵）

体制を「華夷秩序《かいちつじょ》」といいます。中華の「華」と、それを取り巻く野蛮な異民族、すなわち夷狄《いてき》の「夷」からなる世界システムです。中国を中心にして、同心円状に外へ行けば行くほど野蛮で未開の異民族の国になるというわけです。

中国からすると、日本は朝鮮半島よりもっと先にあるので、朝鮮よりさらに格の低い国になります。そんな日本から、「日本の皇帝が日没する処の中国の皇帝にお手紙をさし上げます。お元気でいらっしゃいますか」という内容の国書が届いた。中国の常識からすれば、煬帝の怒りももっともでした。

聖徳太子の国書は、じっさい、とん

でもない内容だといえばそういえました。中国の周辺国の君主は、「ベトナムの王」「朝鮮の王」……といった具合に「王」と呼ばれていました。日本の君主も「倭国《わこく》の王」です。つまり、「王」と呼ばれるのは中国の「皇帝」の家来であり、皇帝に仕える立場の人になるわけです。朝鮮、ベトナム、日本……というのは皇帝のいる中国の属国だったのです。

日本もかつては中国の属国でした。三世紀の卑弥呼《ひみこ》の時代は魏《ぎ》と外交関係があり、魏の皇帝・曹叡《そうえい》から「親魏倭王《しんぎわおう》」という称号を与えられ、金印をもらっています。この金印はまだ出土しておりませんが、中国の『魏志倭人伝』にはそのことがはっきり書かれていま す。金印は「日本を中国皇帝の臣下と認めてやろう」という意味で与えられたものです。そのように、卑弥呼の時代の日本は中国に服属する国でした。

ところが六〇七年、聖徳太子は属国としてではなく、中国と対等の立場で国書を出したのです。当時の世界システムを破壊する行為、革命的行動でしたから、隋の煬帝が激怒したのも当然でしょう。

これは、国書を煬帝にさし出した遣隋使・小野妹子がその場でただちに殺されても仕方のないぐらいの出来事でした。しかし煬帝はぐっと我慢して、小野妹子の帰国を保護する返礼使を遣《つか》わしています。聖徳太子の無礼きわまりない国書は結果的には、表沙汰の対立に至らずに済みました。これは聖徳太子の外交の大勝利といっていいでしょう。

「天皇」という言葉が秘める重要な決意

それにしても、「癇癪《かんしゃく》もち」という評判のあった煬帝がなぜ無礼な国書にぐっと我慢したのでしょう?

当時、朝鮮半島の北部には高句麗《こうくり》という非常に強大な国があって、隋とはまさに一触即発の状態にありました。そのとき日本と高句麗が完全に同盟を結んでしまうと、隋としてはかなり苦しい状況に陥ります。当時の日本はそれぐらいの国力をもっていたのです。

そのために煬帝は怒りをこらえ、日本を手なずけようと考えて、裴世清《はいせいせい》という返礼使をお供につけて小野妹子を日本に帰したのです。その裴世清が日本に一月ばかり滞在した同六〇八年、彼を隋に帰すとき、三回目の遣隋使を出すことになりました。

このときもキャップは小野妹子でしたが、問題になったのは日本の君主の称号をどうするか、ということでした。あくまで「皇帝」と称して隋の煬帝と対等であると主張するのか、あるいは皇帝の臣下に当たる「王」という称号に戻すのか――。「皇帝」と称すると、成り行きいかんでは隋と絶交ないし断交、悪くすれば戦争になるおそれもありました。

当時の日本は隋から行政・制度を学び、新しい文化を摂取するという側面もありました。

ただし「皇帝」と称した場合はそれすら不可能になるリスクがある。また、それまでは隋と対等な国をめざしてきたのに、一転してふたたび「王」と称したら、これは大幅な後退です。

なにか「皇帝」のほかによい呼称がないものか……と考えた結果、出てきたのが「天皇」という称号でした。『日本書紀』には次のように記されています。

　東《やまと》の天皇、敬《つつし》みて西《もろこし》の皇帝《きみ》に白《もう》す。使人《つかい》鴻臚寺《こうろじ》の掌客《しょうかく》裴世清等至《もういた》りて、久しき憶《おもい》、方《みざかり》に解けぬ。……

こういう国書を出したと書いてあります。煬帝の顔を立てたのかもしれませんが、相手とまったく対等の「皇帝」という言葉を使うのは避けています。しかし、臣下を意味する「王」でもない。

肝心なのは「皇」という字です。「皇」というのは「王の上に立つ王」という意味があります。王の字の上に「白」という飾りがあります。ただの「王」ではなく、その上に「白」という飾りがあると、「王を代表する王」「王を統括する特別な王」という意味になります。たったひとりしかいない「皇」です。皇帝の「皇」にはそういう意味があるのです。

皇帝と同じ「皇」という文字を使って工夫を凝らしたのが「天皇」という称号です。「皇帝」の文字こそ使わないものの、現実的には「皇帝」と対等であると主張したわけです。日本はこの「天皇」という称号をその後、今日《こんにち》に至るまで切れ目なく続けていますが、これはいったいなにを意味しているのでしょうか。

日本の君主が「天皇」と称した時点で——「日本は中国の属国ではない」「われわれは独立した国家として、独自の文化・文明をつくり上げていくんだ」という独立宣言をしたのです。華夷秩序から離脱して独立国家として堂々と歩んでいくという宣言です。

もちろん、中国からいろいろな文化を学ぶことは否定していません。しかし、けっして中国の支配は受けない、という意思表示が「天皇」という称号には込められているのです。日本人であれば、このことはけっして忘れてはいけません。

こうした「天皇」という言葉の意味は日本の歴史を理解するうえでいちばん大事なことなのに、小・中学校でも高等学校でも、歴史教育のなかでまったく教えられておりません。したがって、外国の友だちから「天皇ってなに?」と聞かれたとき、日本の子供たちは胸を張って説明できません。天皇を「エンペラー」と訳すのは間違いです。

日本にはなぜ皇室のような存在があって、その君主が「天皇」と称するのか、それを子供たちに教えるべきなのです。

その答えをごく簡単にいえば――①日本は東アジアのなかにあって、聖徳太子以降けっして華夷秩序に組み込まれなかった国であり、②中国の属国にはならないという意思を明確に表すために「天皇」という言葉を使い続けました、ということになります。

誇るべき「日本」の一貫性

ついでに「日本」という国名の由来について、ご説明しておきましょう。

中国はかつてわが国を「倭《わ》」と呼んでいました。「倭」というのは、「人に従うさま」「背が曲がっていて低い」「醜い」といった意味をもった漢字です。中国はつねにこのような卑しい字を周辺の国にあてがっていました。自分たちは世界の中心であり、周辺国は劣った国だと見下す考えがあったからです。「倭」というのも、日本人をあなどる気持ちで用いた国名でした。

そのことに気づいたわれらの祖先は、みずからの国名をよい意味の言葉に変えようじゃないかと考えて、そうしてつくられたのが「日本」でした。

「日」は太陽のことです。太陽は地球上のあらゆるものに光と熱の恵みを与え、すべての命を育《はぐく》みます。古代の日本人はそうした太陽の恵みを自覚していました。そして人間の知恵や力をはるかに超えた、偉大な自然のパワーを感じ取っていたのです。そこでまず、「日」という文字を採用したのです。

「本」というのは「……の下」という意味です。すなわち、「日」の「下」にある豊かな国、それが日本だ、という意味になります。お日さまの下で稲穂がすくすくと育っていくイメージもふくまれています。

したがって、六〇七年の例の国書にある「日出《い》ずる処の天子……」という言葉は、太陽が昇っていくその下にある国の君主、王のなかの王、という意味になります。ここには自分たちの国にゆるぎない自信をもち、その歴史に誇りをもった古代のご先祖さまたちの気概が込められているといっても過言ではありません。

ちなみに、日本という文字は「ニッポン」「ニホン」と二通りの読み方があって、「ＮＨＫ放送文化研究所」のホームページには以下のような記述があります。

> 国号「日本」の読み方は、公式に定められたものがありません。国レベルでは、昭和９（１９３４）年に当時の文部省臨時国語調査会が呼称統一案として「ニッポン」にすることを決議しましたが、政府で採択されず、正式な決定がないまま現在に至っています。（中略）

ＮＨＫでは、現在の放送用語委員会の前身「放送用語並発音改善調査委員会」が、昭和９年の発足当時に「正式な国号として使う場合は、『ニッポン』。そのほかの場合には『ニホン』と言ってもよい」という方針を決定していますが、それから70年、現在「日本」はどのように読まれているのでしょうか。今回、調査すると、「ニホン」が61％、「ニッポン」が37％という結果になりました。

このように読み方には揺れがあるようですが、大事なことは「日本」という国名が、六八九年に制定された飛鳥浄御原令《あすかきよみはらりょう》以降、今日《こんにち》まで千三百年以上も使われ続けているということです。唐→宋→元→明→清→中華民国→中華人民共和国と、めまぐるしく国名が変わり、そのつど支配民族も変わってきた中国などと比較すると、「日本」という国名も、民族も、一度として変わることのなかったわが国がいかに特別であるか、よくわかるのではないでしょうか。

「世界史」はモンゴル帝国にはじまる

飛鳥時代の大宝律令（七〇一年）を契機に律令国家が完成し、古代の末期には武士という存在が登場します。その武士を中心とする政権ができたのが鎌倉時代です（一一九二年）。その一方で、天皇という権威もずっと続いていました。幕府という「権力」、天皇という「権威」、それが併存する状態が鎌倉時代でした。

その鎌倉時代、日本が国家としてかつて一度も経験したことのない外敵の侵略を受けます。それが「元寇《げんこう》」です。「蒙古《もうこ》襲来」ともいわれる出来事で、一二七四年と一二八一年の二回、経験しています。

まずは話の順序として、モンゴル帝国の出現から説明しなければなりません。

十三世紀初めの一二〇六年、モンゴル高原にチンギス・ハンがモンゴル帝国を建国しました。このモンゴル帝国は無敵の騎馬軍団を世界各地に侵攻させ、またたく間にユーラシア大陸にまたがる広大な領土を築き上げました。西は東ヨーロッパ、トルコ、シリア、南はアフガニスタン、チベット、ミャンマー、東は中国、朝鮮半島まで版図《はんと》としました。ヨーロッパ人もモンゴル人を大いに恐れました。

そして、五代目の皇帝フビライ・ハンのとき、モンゴル帝国は現在の北京に都を置き、国名を「元《げん》」と称します。それが一二七一年のことでした。

……こう書くと、「フ〜ン」と思われるだけかもしれませんが、中央アジアに空前の大帝国が出現し、世界史の主役に躍り出たというのは、じつはきわめて大きな出来事だったのです。なぜなら、モンゴル帝国が出現したことによって初めて「世界史」が成立したといえるからです。

それまでは地球上のいろいろな地域にいろいろな民族が住んでいて、近隣同士、戦ったり交易をしたりしていましたが、世界史的な規模の関連性はありませんでした。つまり、モンゴル帝国が出現するまでの世界はヨーロッパ地域、北方の地域、南方の地域……という具合に、個々の地域がバラバラに発展し、各地域間の関連性はきわめて稀薄でした。ところがモンゴル帝国は、ヨーロッパからアジアにまたがる大帝国でしたから、東と西、北と南まで、遊牧民が蹄《ひづめ》の音を轟《とどろ》かせることになり、各地の事情が混淆《こんこう》することになります。こうして初めて「世界史」が成立するようになったのです。

モンゴル帝国を世界帝国へと発展させ、「元」へと国名を変えたフビライ・ハン。

モンゴル帝国とはなにか？

中国の中央部を中原《ちゅうげん》と呼びます。モンゴルはこの地を制して、王朝をつくりました。これが先ほど申し上げた「元」朝です。

遊牧民は乾燥地帯に集合して暮らしています。モンゴル民族の生活に欠かせない動物は羊です。羊は群をなしていっしょに生活していますが、そうした集合本能をもつ家畜を養い、その羊の毛を刈って衣服をつくる、皮を剝《は》ぐ、そしてもちろん肉を食べる、ミルクも搾《しぼ》る……。そういう生活してきたのが遊牧民であるモンゴル民族でした。

ただし、草原地帯には羊の餌《えさ》となる草がたくさん生えているわけではありません。すぐに食べ尽くしてしまいます。そのためモンゴル人たちは絶えず草を求めて移動していかなければいけません。英語で、遊牧民のことを「ノマド（nomad）」といいます。これはずっと同じ場所で暮らす農耕民の「定住」に対して、絶えず移動して歩く「遊牧・浮浪」という意味になります。

さて、農耕作業は種まきや収穫などたくさんの手が必要になります。したがって、「定住」の農耕民はどうしても大家族になります。

それに対して遊牧民の場合、移動するときにたくさんの羊をいっしょに連れ歩くのは非効率ですから、大家族は適しません。比較的小さな集団でまとまって行動します。小単位の家族がそれぞれ勝手にわが道を行く……。その集合体がモンゴル民族ということになります。

いうまでもなく、こういう状態のままでは遊牧民がひとつにまとまることはできません。

そんなモンゴル民族が一大帝国を築くことができたのはなぜか。

七世紀、中国にはローマ帝国に匹敵するぐらいの「唐」という大帝国ができます。そのとき、遊牧民であるモンゴル民族もその統治下に組み入れられました。それがきっかけで、モンゴル人のあいだに、「われわれもひとつの民族である」という自覚が生まれたのです。つまり、唐という国に統治される経験を通じて、「われわれはモンゴル民族である」という意識が生じたのです。これがモンゴル帝国を形成する前提条件に当たります。

民族意識が芽生えただけでは帝国はつくれません。たくさんの部族の集合体であるモンゴル民族をまとめるためには、強力なリーダーシップが必要です。強烈なリーダーシップのある指導者の出現を待たなければなりません。すると、その指導者がじっさいに出現したのです。

モンゴルのある部族にテムジンという人物が生まれました。彼がのちにチンギス・ハンとなってモンゴル民族を統一していきます。井上靖氏に『蒼き狼』（新潮文庫）という小説がありますが、蒼《あお》き狼とはモンゴル民族の始祖神話に出てくる動物です。モンゴル人の始祖は蒼き狼を父親とし、白い牝鹿《めじか》を母親として生まれたという伝説があるのです。また、モンゴル民族にとって蒼き狼というのは刀剣のシンボルでもありますから、そこから井上靖氏は小説のタイトルを取ったわけです。

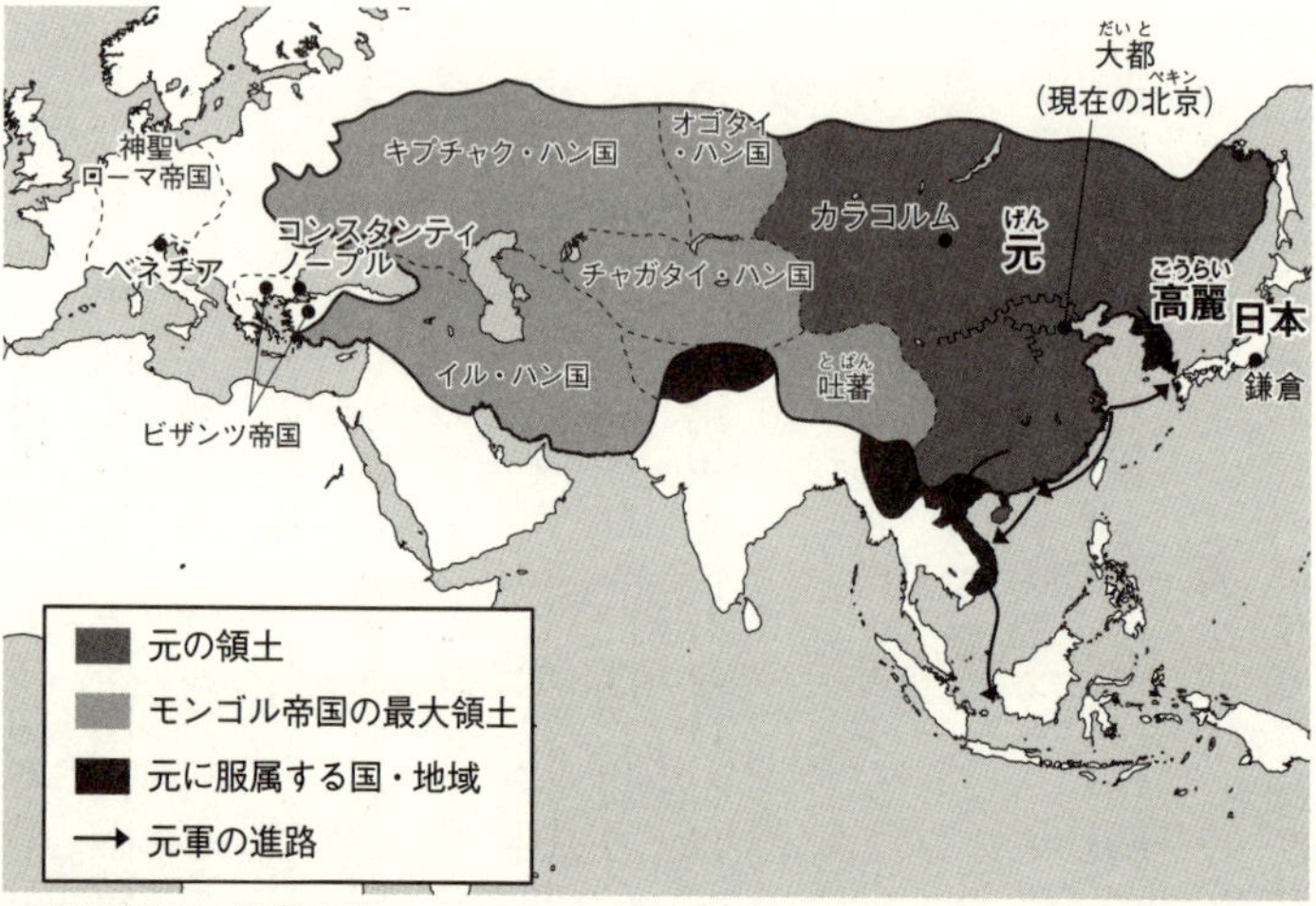

13世紀後半の世界情勢。モンゴル帝国は最大時、東南アジアからヨーロッパまで広大な地域を支配した。

日本には毛利《もうり》元就《もとなり》の「三本の矢の教え」があります。モンゴル民族の始祖伝説にも「五本の矢の教え」が出てきます。「大事業をなすには五本の矢が団結しなければならない」という教訓です。

そうしてチンギス・ハンがモンゴル民族を統一していきます。

モンゴル人は世界各地をどんどん併合していき、一大帝国を築き上げます。そのときに大きな武器になったのが騎兵集団でした。馬に乗ってものすごいスピードで移動する。その戦闘ぶりは「来た、壊した、焼いた、殺した、奪った、去った」と評されるほどでした。そこで「自分たちは世界一強い騎兵である」と気づいた彼らは、東ヨーロッパまで攻め込み、自分たちの支配下に置くことに成功したのです。

そこで、モンゴル帝国の五代の皇帝フビライ・ハン（「元」の初代皇帝）のとき、今度は極東にある日本を征服しようと手を伸ばしてきたのです。したがってフビライ・ハンが元寇の一方の主役であり、もう一方の日本側の主役は若き執権《しっけん》・北条時宗ということになります。

モンゴルの「日本侵略計画」

では、フビライ・ハンのモンゴル帝国＝元はなにを目的にして日本侵略計画を立てるようになったのでしょうか。

当時の日本は世界最大の産金国でした。奥州の藤原氏が中国から経典を購入する代金を砂金で支払い、遣唐使などの留学費も砂金で払いました。中尊寺の金色堂《こんじきどう》は漆《うるし》のうえに薄い金箔を貼っているので、外国の人が見ると全部、金でできていると勘違いするかもしれません。

エルドラード（黄金郷）という言葉があります。日本は金で囲まれた黄金郷といったイメージであり、一種のエキゾチックな幻想をかきたてたようです。

モンゴル人のような遊牧民にとって、金は特別な価値がありました。遊牧民は移動しながら暮らすので、たくさんの財産をもって歩くわけにはいきません。その点、金は価値が高くてかさばりませんから、財産としてもち歩くのにとても便利です。遊牧民の財産は土地や家ではなく、家畜と金だったのです。したがってフビライ・ハンは当然のように日本の金を狙っていたはずなのです。

当時の中国大陸はどのような情勢にあったのでしょうか。

九〇七年に「唐」が滅び、その後、「宋」ができました。その宋に対抗して満州あたりに遊牧民が建てた「金」という国ができ、その隣にモンゴルが位置していました。

前述した「華夷秩序」の「華」に当たる部分（中央）はこれまで漢民族が統治してきましたが、宋は軍事的に非常に軟弱な国でした。ただし、文化的・経済的には多少マシなところもありましたので、わが国は正式な国交はないものの、経済的な貿易などは行い、文化交流もありました。

一方、モンゴルは宋と金の対立を利用し、宋を圧迫して、その領土を南のほうに押し込めます。そうした状態に追いやられた宋を「南宋」と呼んでいます。宋を南に追い込んだモンゴルはまず金を潰し、次に南宋を潰そうと考えました。その際、どうやら日本を味方に引き入れようという肚《はら》があったようです。フビライ・ハンは日本と宋の関係を分断しよ

う と考えたのです。

ところが、このフビライ・ハンに対して「日本を征服したらどうか」と進言した男がいました。朝鮮半島の王朝・高麗国《こうらい》の役人・趙彝《ちょうい》です。科挙の試験の難関部門である「進士《しんじ》」に合格した人物で、フビライ・ハンの知遇を得ていました。この趙彝という高麗人が「わが国が道案内をしますから、日本に使者を送ったらどうでしょう？」と、進言したのです。フビライ・ハンの「日本侵攻計画」のきっかけをつくったのは高麗人だったということになります。

一二六六年、フビライ・ハンは高麗の役人に道案内をさせ、モンゴルの国書を日本に届けようとしました。ところが高麗の役人は、日本にこの国書を届けた結果、両国のあいだで戦争がはじまっては困ると考えました。なぜかといえば、高麗はすでにモンゴルの属国です。もし日本とモンゴルのあいだで戦争がはじまれば、属国である自分たちは物資の調達、兵役の徴集、食糧の供出など、すべてを負担しなければなりません。日本には船で攻め込みますから、その船も建造しなければいけない。すべてを負担しなければならなくなります。高麗としては負担が大きすぎますから、モンゴル人の気を戦争から逸《そ》らせるために、一芝居を打っています。

玄界灘《げんかいなだ》が激しく荒れ狂っているとき、対馬《つしま》が遠く見える巨済島《きょさいとう》にモンゴルの使者を連れて行ったのです。モンゴル人は内陸の民ですから、海を見たことがありません。手引きをした高麗人は「いや、これではとても海を渡れません」といったというのです。荒れ狂う海を見て胆をつぶしたモンゴルの使者は諦めて帰って行きます。ところが、その報告を聞いたフビライ・ハンは怒り出します。荒れた海が横たわっているにしろ、それ以前から日本と朝鮮、日本と中国は交流があったのに、「海を渡れないはずがない」といったのです。「風濤険阻《ふうとうけんそ》」という言葉がありますが、フビライ・ハンは「波や風が荒いなどといったご託を並べて、逃げ口上にするな」といって怒ったわけです。そして高麗国に、「責任をもって使者を送れ」と厳命しています。

高麗王の側近・潘阜《はんぷ》という人物が大宰府《だざいふ》にやってきたのは一二六八年の正月でした。大宰府は九州の玄関口で、古来、日本政府の外交的窓口を果たしてきたところですから、ここでフビライ・ハンの国書を手渡しました。

それは次のような内容でした。（　）は私の注記です。

天の慈しみを受ける大蒙古国皇帝は書を日本国王に奉ず。

朕《ちん》（フビライ・ハン）が思うに、いにしえより小国の君主は国境が相接していれば、通信し親睦を修めるよう努めるものである。まして我が祖宗（チンギス・ハン）は明らかな天命を受け、区夏《くか》（天下）を悉《ことごと》く領有し、遠方の異国にして我が威を畏《おそ》れ、徳に懐く者はその数を知らぬ程である。朕が即位した当初、高麗の罪無き民が鋒鏑《ほうてき》（戦争）に疲れたので命を発し出兵を止めさせ、高麗の領土を還《かえ》し老人や子供をその地に帰らせた。高麗の君臣は感謝し敬《うやま》い来朝した。義は君臣なりというがその歓びは父子のようである。

この事は王（日本国王）の君臣も知っていることだろう。高麗は朕の東藩である。日本は高麗にごく近い。また開国以来時には中国と通交している。だが朕の代に至っていまだ一度も誼《よし》みを通じようという使者がない。思うに、王国（日本）はこの事をいまだよく知らないのではないか。ゆえに特使を遣わして国書を持参させ朕の志を布告させる。

願わくは、これ以降、通交を通して誼みを結びもって互いに親睦を深めたい。聖人（皇帝）は四海（天下）をもって家となすものである。互いに誼みを通じないというのは一家の理《ことわり》と言えるだろうか。

兵を用いることは誰が好もうか。

王は、其の点を考慮されよ。不宣（舌足らずは許せという意）。

至元三年八月

この国書は大宰府から早馬で四十日かけて鎌倉に届けられました。鎌倉幕府はそれを見てただちに会議をはじめます。そして、その国書を約三十日かけて京都の朝廷に転送します。朝廷では院の会議を臨時に召集して何日もかけて検討しています。その挙句、幕府も朝廷も「断固拒否」という結論を出しています。フビライ・ハンの手紙に返事を出さず、これを無視する態度を決めたのです。

朝廷としては、「こんな手紙を受け取ったこと自体けしからん」という態度でした。

この国書を読んで、鎌倉幕府や朝廷はどう感じたでしょう?

とにかく尊大、無礼。上から目線というか、鼻もちならないほど、威張り腐った文面になっています。これでは幕府としても、朝廷としても、絶対に受け入れることはできません。なんとなれば、前講で見たとおり、わが国は聖徳太子の時代に「独立宣言」をし、「他国の属国にはならない」と決めていたからです。

フビライ・ハンの国書には「大蒙古国皇帝は書を日本国王に奉ず」とありました。「皇帝」から「王」に奉じた国書であり、「隷属関係になれ」といっているに等しい文書でした。その意味でも、これは日本国家の基本方針として絶対に受け入れることのできないものだったのです。

フビライ・ハンの国書は「蒙古国」という言葉を使っています。この「蒙」という字は「暗い」「愚かである」「ものごとを知らない」という意味ですから、卑しい文字です。いくら「大蒙古国」と、「大」の字をつけてもどうにもなりません。モンゴルに漢字をあてて「蒙古」と表記したのでしょうが、「蒙」という字は悪すぎます。「無知蒙昧《むちもうまい》」の蒙であり、「啓蒙《けいもう》」すなわち「蒙《もう》を啓《ひら》く」の蒙ですから、「蒙」というのは要するに「バカ」ということです。それに気づいたので、国書を送ってきた数年後の一二七一年に「元」という国名に変えたわけです。

中華思想によった場合、君主が「皇帝」を名乗る文明国の国名はすべて一字です。秦しかり、漢しかり、隋しかり、また唐しかり、宋しかり……こういう具合に一字です。野蛮国の場合は「匈奴《きょうど》」とか「吐蕃《とばん》」とか、「高麗」とか、一字ではありません。

それはさておき、モンゴルの国書の受け取りを拒否した国はすべて滅ぼされています。シルクロードにホラズム王国という国がありました。この国はモンゴルの国書の受け取りを拒んだために滅ぼされています。モンゴルの国書の受け取り拒否をしたのに、滅びなかった日本は唯一の例外といっていいでしょう。

第一次元寇（文永の役）

モンゴルからの国書を受け取るのと相前後して執権・北条家の代替わりがあり、当時わずか十七歳の北条時宗が執権の座に就きました。

すでに触れたように、時宗はモンゴルからの国書に返事をしないことにしましたので、高麗からの使いは半年間、大宰府に留め置かれました。食事は与えられますから、もちろん飢え死にするようなことはありませんが、結局は返書をもらえず、すごすご帰国しました。その後もフビライ・ハンは手を替え品を替え、何度も日本に付き合いを認めさせようとしましたが、日本にとっては対等の付き合いではなく、属国としてモンゴル（元）に隷属するような立場に置かれることになりますから、これを拒否したのは当然の論理ということになります。

フビライ・ハンにしてみれば、「無視されたまま」というのは屈辱そのものです。そこでいよいよ日本征伐の軍を起こすことを決断します。その決断直後、フビライ・ハンは高麗に対して「九百艘の船を八か月でつくれ」という命令を出しています。命令に従わざるをえない高麗は人夫三万五百人を動員して、ようやく船を完成させました。たいへんな負担であったため、働き手を奪われた高麗では食べるものがなくなって餓死する民衆がたくさん出たといわれています。

一二七四年（文永十一年）十月五日、ついに元が日本に攻めてきました。対馬の沖合に九百艘の船が現われたのです。そこには三万の兵が乗っていたといわれます。元と高麗の連合軍で、三万の兵のうち約二万人が元の兵士、一万人が高麗兵でした。

当時の対馬の当主は守護代という立場の宗助国《そうすけくに》でした。彼はそのとき六十八歳だったといいますから、かなりの高齢です。次の室町時代に流行した幸若舞《こうわかまい》の『敦盛《あつもり》』には「人間五十年、化天《げてん》のうちを比ぶれば、夢幻《ゆめまぼろし》の如くなり」という有名な一節があります。「人の寿命は五十歳」といった当時のことですから、六十八歳で戦いに臨むのはたいへんなことでした。しかし宗助国は外敵から日本を守るため武士として戦わ

鎌倉幕府第8代執権である北条時宗とされる肖像画。時宗は禅宗に深く帰依した。

なければならないという一心で鎧兜《よろいかぶと》に身を固め、八十騎の部下を率いて元・高麗連合軍に立ち向かって行きました。お供の者も入れればもっと人数は多くなるのでしょうが、ちゃんと武装した武士の軍団としては八十騎でした。宗助国らは敵に突進して行き、多くの敵をなぎ倒し、鬼神のごとき働きをしましたが、多勢に無勢、武士たちはあえなく全滅しています。死体となった宗助国は敵に八つ裂きにされたといいます。

宗助国のお墓は対馬にいくつかあります。首を祀《まつ》った首塚、胴を祀った胴塚、それから手足を祀った塚、腕塚《かいな》もあります。一か所ではなく何キロも離れてあちこちにあるのはなにを意味するのでしょうか。体をバラバラにされたとき、その主君の体の一部を家臣たちが必死になってもち帰り、埋めたからではないでしょうか。

一般の島民が語り継ぐ恐ろしい話もあります。武士をすべて殺した元軍は民家に火をかけ、飛び出してくる老人や女子供に襲いかかりました。そして、すぐには死に至らしめず、残忍な方法で殺したというのです。

いま、イラクからシリアのあたりでは「イスラム国」という組織が兵士を集団処刑したり、婦女子をさらってレイプしたり、売り飛ばしたり、人質の首を斬ったり……じつに残虐な行為を続けておりますが、まさにあのようなことを元と高麗の兵士たちも行ったのです。

中国人のカニバリズム（食人習慣）

それにしても、なぜ元・高麗連合軍は住民の数がせいぜい千人にも満たない対馬のような小さな島を襲ったのでしょうか。そんな小さな島は無視して、直接さっさと九州本土に向かえばよかったのではないかと思えます。

私の仮説的な推論をふくんだ考えを説明してみましょう。といっても、この推論は私が思いついたものではなく、ブロガーとして啓蒙活動を続けている小名木善行《おなぎぜんこう》さんの説を参考にしています。

中国の歴史を調べてみると、A国とB国が戦った戦闘の事績が山のように記録されています。A国の君主が将軍に十万の兵を与えて、「B国を攻めてこい」という命令を下し、兵を動かして戦闘になり、勝利したり敗北したりします。国に帰ってくるまでは何か月もかかります。場合によっては数年かかることもあります。十万の兵がいたとすると、彼らにどうやって食事を与えたのか？　大いに疑問とするところです。

兵が十万人いるなら、一日二食として毎日二十万食の食事が必要になります。二十万食もの食料をどのようにして調達していたのか？　侵略・進出した地域が穀倉地帯ならば穀物もたくさんあるでしょうが、そうでない地域もあります。また多数の兵士が集団で移動するわけですから、進軍途中の畑にあるものを略奪して食べ尽くしたら、たちまち食料が足りなくなってしまいます。十万人もの兵士たちは、いったいなにを食べていたのでしょうか？

じつは、移動途中の住民を食べていたというのです。

中国には古代から現代に至るまで「人肉食」――英語で「カニバリズム」といいます――の習慣がありました。じつはあの聖人・孔子も人肉の塩漬けが大好物で、毎日食べていたといわれています。

これがウソでないことは、東洋史の大家・桑原隲蔵《くわばらじつぞう》博士の「支那人の食人肉風習」という論文を読めばよくわかります。この論文は岩波書店刊『桑原隲蔵全集』の第一巻に収録されています。そのなかで桑原博士は、中国では古来、皇帝から庶民に至るまで人肉を食べる習慣があったことを紹介したあと、次のような言葉で文章を結んでいます。

日支の親善を図るには、先《ま》づ日本人がよく支那人を理会《りかい》せなければならぬ。支那人をよく理会する為《ため》には、表裏二面より彼等を観察する必要がある。経伝詩文によつて、支那人の長所美点を会得《えとく》するのも勿論《もちろん》必要であるが、同時にその反対の方面をも一応心得置《こころえお》くべきことと思ふ。食人肉風習の存在は、支那人に取つては余り名誉のことではない。されど厳然たる事実は、到底之《とうていこれ》を掩蔽《えんぺい》することを許さぬ。支那人の一面に、かかる風習の存在せしことを承知し置くのも亦《また》、支那人を理会するに無用であるまいと思ふ。

われわれ日本人には想像もできないことですが、彼らは昔から「もっとも良質な動物性タンパク質は人間だ」と考えていたのです。

そのことを真正面から書いた本も出版されています。黄文雄氏の『「食人文化」で読み解く中国人の正体』（ヒカルランド）です。この本の第三章には、軍隊にとって人肉は貴重な兵糧《ひょうろう》に他ならなかったという記述があって、隋の朱《しゅ》という人物がこう語ったとあります。

――「よいか、この世でいちばんうまいのは人肉じゃ。しかも、どこに行こうと、至るところにあふれておる。気持ち悪さを気に病むことなどどこにもないぞ」と。そういって部下を激励したというのです。じっさい、戦いがあると女子供などを捕らえ、釜茹《かまゆ》でにして兵士たちに分け与えたそうです。

こうした「食人」の習慣があったからでしょうか、対馬を攻めた元の兵士たちは捕虜の掌に穴を開けてロープを通し、女は髪があるので髪を結《ゆ》わえ、全員裸にして船縁《ふなべり》に並べています。そうすれば日本側も弓を射ることができないから船縁に並べた――という説もありますが、そうではなく、人間の干し肉《ほにく》をつくろうとしたのではないか、というのが小名木さんの推論です。対馬という小さな島に十日間も滞在しているのです。三万人もの兵士たちの食料をどう賄《まかな》っていたのか……を考えれば、おのずから謎も解けてくるのではないでしょうか。

中公文庫「日本の歴史8」の黒田俊雄著『蒙古襲来』はとてもよく書けた本で、私も感心して読みましたが、元寇に関して次のような記述があります。

半世紀にわたるモンゴル軍の破壊と殺戮《さつりく》の歴史をみれば、このていどのことはたしかにありえただろう。モンゴルは世祖フビライのころからかなり中国化しはじめたとはいえ、ひとたび侵略の堰《せき》を切ればたちまち残虐な荒々しい血がほとばしるのであった。

モンゴル民族が「残忍」であったことは間違いありません。

たとえば、モスクワからポーランドに向かう途中にベラルーシ（白ロシア）という国があります。「ベラ」は「白い」「純潔の」「汚されていない」という意味ですが、なぜそう命名されたかというと、こんな逸話があります。

――版図《はんと》を広げていたモンゴル軍は行く先々で占領地の女性をレイプしていました。したがって、各地で混血児がたくさん生まれます。ところがベラルーシは沼地や湖がたくさんあるため、「通過するのがめんどうだ」といって、モンゴル軍も迂回《うかい》して行った。そのため、ベラルーシの女性たちは純潔を守ることができた。そこで「白い」「汚されていない」という意味の国名がつけられたというのです。

自分たちの残虐性を日本軍に投影する中国の策謀

世界は広いから、われわれ日本人には想像もつかないような文化・風習がこの地球上には存在しています。中国人のカニバリズム（食人習慣）もそのひとつです。

このことを正面から見つめないと、従軍慰安婦問題や南京虐殺問題など、いま日本が叩かれているさまざまな問題は解決しません。なぜなら、中国人は自分たちの残虐な文化、食人習慣といったものを日本人に投影して、日本人が過去に行った行為として非難しているからです。それが慰安婦問題の「性奴隷」であり、南京の「虐殺行為」なのです。

アイリス・チャンという中国系ジャーナリストが「南京大虐殺は日本軍がやった」と書

きましたが、じつはすべて中国軍が日本兵に対して行った残虐行為なのです。

これに関連して、次のような出来事があります。

二〇〇七年、アメリカ下院が日本を非難する「慰安婦決議」を行いました。そのなかに、二十万人の慰安婦を性的奴隷状態で「ミューティレーション（mutilation）」したという記述があります。「ミューティレーション」というのはふつうあまり使われない英語ですが、辞書を引くと「四肢切断」とあります。つまり、日本人は韓国などアジアの慰安婦の人たちの四肢を切断した、と同盟国・アメリカの議会で決議されたのです。

いうまでもなく、日本には手足を切るような文化はありません。しかし、中国には間違いなくあります。

じっさい司馬遷の『史記』には、皇帝の愛人（戚夫人《せきふじん》）の手足を切り落とし、目をえぐり出し、耳を焼ききり、薬で喉をつぶし、そして便所のなかに捨て、「人ブタ」と名づけた女帝・呂后《りょこう》の話が出てきます（「呂后本紀」）。

また、一九三七年には、「通州事件《つうしゅうじけん》」が起きています。北京の東十キロほどの通州で、中国人部隊が日本人を襲った事件です。日本人居留民や日本軍部隊がいきなり襲われ、二百人以上の居留民が虐殺された事件です。女性はほとんどがレイプされ、殺害されていま す。そのなかには子供もたくさんいて、手足を切断されています。つまり、ミューティレーションをやられたのです。

「ミューティレーション（mutilation）」という英語があるぐらいですから、英語文化圏にもそうした事実があったに違いありません。私の乏しい知識のなかから、すぐに思い出すのはイギリスがインドを支配していたとき、インドの綿織物産業を潰すために、腕のいいインド職人の腕を切り落とした事件です。そのため広大なインドの地が白骨累々《るいるい》となったといわれています。

繰り返せば、手足を切り落とすという、そんな風習は日本にはありません。それにもかかわらず、日本にはまったくない残虐行為が同盟国アメリカの議会で決議されてしまったのです。日本人として、これはとうてい認めることはできません。したがって、あらゆる手段を講じて議会決議を撤回させるよう、日本人および日本政府は働きかけなければなりません。これは日本人の名誉にかかわる喫緊《きっきん》の課題です。

戦闘力に勝る元軍がなぜ敗れたのか？

元寇のテーマに戻ります。

壱岐・対馬を制圧した元軍はいよいよ博多に上陸してきます。このとき元軍のほうが戦闘のうえでは、はるかに優勢でした。それには二つの大きな理由があります。

ひとつは、日本の武士の戦い方です。日本は個々の武士が腕を競う個人戦法です。最初に鏑矢《かぶらや》を敵と味方から放ち、一騎の馬に乗った武士が前にすっと進み出ると、「やあやあ、遠からん者は音にも聞け、近くば寄って目にも見よ。われこそは○○の国××の三男……」と名乗ってから、「さあ、相手をしようぞ」と呼びかけます。すると敵陣からも一騎出てきて、「われこそは……」と名乗りをあげて斬り合いをする。決着がつくと、次の武士が登場する。いわば、半分セレモニーのような戦闘です。相手を殺すというより、相手を懲《こ》らしめるという一面もありました。武士はなによりも名誉を重んじ、武勇を尊びましたから、卑怯なことはせずに一対一で戦ったのです。

元軍が襲来したときも、大宰府の守護家の十六歳ぐらいの少年を戦いの一番手に立てています。その少年武士が最初に鏑矢を放つと、敵陣の元軍の兵士たちはドッと笑ったといわれています。なぜ笑ったのかを推測すると――モンゴル側にしてみれば、矢はウンカのごとく同時にたくさん放つものです。ところが子供のような侍が出てきて、ポチョンと一本だけ矢を放ったので、「なんだ、あれは?」と、拍子抜けして思わず笑ってしまったのでしょう。

戦いにおいて最初に使う武器は、刀でも槍《やり》でもなく矢です。馬に乗って疾駆しながら馬上から矢を放つ。モンゴルの弓は馬に乗りながら放つので日本の弓よりもつくりが小さいけれど、飛距離は日本の弓の倍もあったそうです。日本の弓は百メートル程度しか飛びません。武器の性能からしてもモンゴルの優勢は明らかでした。

日本側が「やあやあ……」と名乗りを挙げて登場すると、たちまち元軍の兵士集団が取り囲んでめった斬りにしています。矢もあちこちから飛んでくる。ひとりの武士を集団で取り囲んで殺してしまう、この「集団戦法」に手も足も出ませんでした。卑怯な手を使わない武士たちは、集団戦法の前に大勢が討ち死にしています。

ルールの違う戦いというしかありませんが、それにしても驚くのは――相手がどのような戦法をもち、どのような部隊なのか、それを鎌倉幕府がなにも知らなかったことです。自分たちと同じ戦法で攻めてくると思い込んでいたのでしょうか。私はそのことが不思議でなりません。モンゴルにも、自分たちと同じような名誉と武勇を尊ぶ兵士がいて、「やあやあ、われこそは……」と名乗りをあげてくると思い込んでいたとしたら、相当な「平和ボケ」です。なんの情報収集もせず、相手が何者であるかさえ知らず、自分たちの流儀が相手に通じると思ってしまう主観主義は日本人の民族的欠点かもしれません。

もうひとつ、元軍側を圧倒的に有利にしたのは「鉄砲」の存在です。鉄砲といっても現在のような「銃」ではありません。鉄砲の「砲」という字は石を包むと書くので、おそら

く最初のころは石や金属を包んで投げる武器であったものと考えられます。導火線かなにかをつけた金属の球のなかに火薬を詰めて放り投げると、ものすごい音を立てて爆発します。ですから、鉄砲は一種の手榴弾のようなものだったと位置づけることができます。

元軍の鉄砲はとにかく大音響と光を発するので、日本の馬も驚いてコントロールがきかなくなります。また、彼らは銅《ど》鑼《ら》と太鼓で鬨《とき》の声をあげるため、やはり馬は驚いて暴れます。こうして日本勢はどんどん攻め立てられて、ついに筥崎《はこざき》八幡宮まで撤退します。その筥崎八幡宮は勝利を祈願した神社ですが、元軍によって炎上してしまいます。

『蒙古襲来絵詞』に描かれた元軍と御家人の戦いの様子。「鉄砲」が炸裂している。

わが国は白村江《はくすきのえ》の戦い（六六三年）のあと、国防を固めるために水城《みずき》という軍事施設をつくっていましたが、これを防衛ラインにして大宰府のほうに引っ込まざるをえませんでした。これが十月二十日のことです。

翌日、日本側がおそるおそる博多湾の敵船を見てみると……驚くべきことが起きていました。本来なら海上にいるはずの元の大船団が跡形もなく消えていたのです。これについては諸説ありますが、撤退は軍事作戦上の行動だったようです。

ところがその後、暴風がおこって船を沈めてしまいました。高麗のことを書いた『高麗史』という史書には、「戦死および溺死せる者一万三千五百」と記録されています。兵の半分は溺死したことになります。

モンゴル民族は内陸で暮らしていますから、海を知りません。当然、泳ぎもできない。海に放り出されたら溺れて死ぬしかないのです。かろうじて助かった残りの兵も命からがら朝鮮のほうに帰って行きました。

文永の役はこのように突如として幕を閉じました。

元寇を前にした北条時宗の断固たる決意

さて、このような結果になってフビライ・ハンは日本征服を諦めたでしょうか。

そんなことはありません。一二七五年四月、フビライ・ハンは杜世忠《とせいちゅう》を正使とする使節を日本に送り込んできました。杜世忠はモンゴル人ですが、何文著《かぶんちょ》という漢人もいっしょでした。ほかにウイグル人二人、通訳の高麗人ひとり、総勢五人のチームでした。

大宰府では待ちぼうけを食わされて帰るという前例があったので、今度は直接、京、鎌倉に連絡を取らせるために、いまの山口県の室津（現・下関）に現われました。しかし、日本側はそこからの上陸を許可せず、大宰府に引き戻します。すると、北条時宗が「鎌倉へ寄こすように」と命じてきました。そこで同じ年の八月、五人は鎌倉に護送されます。

杜世忠はおそらく内心しめしめと思ったに違いありません。これまで謁見することさえ許されなかったのが、鎌倉へ向かうことになったわけですから、「これで日本の政府を説き伏せることができる」と思ったはずです。ところが、彼らは鎌倉の竜《たつ》ノ口《くち》まで連れてこられたとき、首を切られて殺されてしまうのです。

ふつう、正式な国書を携えた人物を斬り殺すことはありません。そんなことは、外交上考えられません。しかし、時宗はあえて使節を斬りました。それは、一二七四年の文永の役で、さんざん残虐なことをされたからです。時宗は「絶対に一歩も引かない」と決意を固くしていたのです。その意味で、使節を殺したのは時宗の「戦争継続宣言」と呼んでいいと思います。

北条時宗は私の尊敬する人物のひとりです。けっして揺動することがなく、一度も妥協したことがない人物だからです。元寇の役の全過程において、時宗は「絶対に引かない」と一貫して、元の圧力をはねつけています。

この間に、南宋が元によって滅ぼされています。一二七九年のことでした。壇ノ浦で平氏が滅んだときのように水軍の船が炎上、多くの女官が入水《じゅすい》して、宋は滅びてしまったのです。

宋のなかにも将軍によっては元に無条件降伏する軍団もありました。元側に寝返って生き延びようとした将軍もいました。しかし、無条件降伏した部隊がいったいどのような末路をたどることか？　結果は悲惨なものでした。

同じことは高麗についてもいえます。高麗には元に反抗するグループもいましたが、どうせなら元に積極的に協力する代わりに、こちらの言い分も聞いてもらおうと考える指導者が出てきたのです。忠烈王《ちゅうれつおう》がそうでした。彼は強制もされないのに、みずから弁髪《べんぱつ》にし、さらにはモンゴル民族の服をまとい、宮廷の儀礼もモンゴルふうに変えました。そして、一二七八年、なんと元に日本遠征を進言しています。元朝のご機嫌をとったのです。このように元におもねることで高麗の運命は決定したと、前記・黒田俊雄氏は書いています。

（　）は私の注記です。

いっさいの抵抗をやめてこうすること（元に取り入ること）が、むしろ犠牲を少なくする途だというこの考えに（忠烈王が）腹をきめたとき、高麗の運命は決定された。高麗王朝はこののちいよいよ困難と悲惨をかさね、やがて元と没落をともにするのである。（『蒙古襲来』）

一方、時宗は写経をすると同時に、臨済宗の無学祖元《むがくそげん》という宋の高僧を招き、禅の修行を行っています。それによって、みずからの確信を揺るぎないものにしようとしたのです。黒田俊雄氏もこう書いています。

北条時宗は禅の大悟《たいご》をもって蒙古襲来の国難に毅然たる態度をとったといわれる。現に祖元は後年そういう意味のことを誌して時宗を称讃している。(『蒙古襲来』)

無学祖元は、「いま日本には悪魔が襲いかかっている。しかし、血書した経文の功徳によって、その一字一画がすべて神の兵となり日本の勝利をもたらすであろう」といっています。無学祖元の母国は宋ですから、自国は無残なかたちで元に滅ぼされています。したがって、もし無学祖元を鎌倉幕府のコンサルタントと考えれば、「元には絶対に従うな」というアドバイスをしたことも考えられます。

第二次元寇(弘安の役)

一二八一年(弘安四年)一月、フビライ・ハンは日本再征伐を命令しました。元の軍隊は東路軍と江南軍に分かれて、ふたたび日本に攻め入ってきました。

東路軍はモンゴル、漢人、高麗人の連合軍で、九百艘の船に兵が四万人。

江南軍は中・南宋人の部隊で、三千五百艘の船に兵がなんと十万人でした。

東路軍は五月三日に朝鮮半島南部の合浦《がっぽ》を出発し、壱岐・対馬を通って志賀島《しかのしま》に上陸しています。そして博多の街を襲って例のように略奪・暴行を働こうとしました。ところが時宗は御家人や武士に命じて高さ二メートルの石垣の防塁をつくらせていたので、元の軍隊は本格的には上陸できませんでした。そして日本側は夜になると小舟で元の船に殺到して、リーダーの首をとったり、さかんに火を放ったりしています。

江南軍は東路軍に遅れて六月十八日に中国南部の寧波《ニンポー》を出発し、平戸で東路軍と合流、十万と四万で合計十四万の大軍でした。

『蒙古襲来絵詞』より、元軍の船に立ち向かう御家人たち。

対する日本の武士団はせいぜい一万。しかも、そのうち純粋な武士は二千で、あとは雑兵《ぞうひょう》ですから、これはもう絶体絶命のピンチでした。

それにしても、この十万もの江南軍というのは、いったいなんなのでしょう。江南軍は、じつは元に降伏した南宋の軍勢でした。いわば、敗戦国の残党です。ですから、元は彼らを「蛮子軍《ばんしぐん》」と名づけていました。蛮族の「蛮」ですから、元は彼らを蔑《さげす》んでいたのでしょう。もしかすると刃向かってくるかもしれないが、うまく日本を占領できたときは、彼らを屯田兵《とんでんへい》にして日本を統治させようと考えていたのかもしれません。あるいはフビライ・ハンは、江南軍はいずれ自分に刃向かってくるかもしれないから、この機会に潰してやれという考えだったと推測することもできます。

げんに、旧ソ連のスターリンなどはヒトラーとの戦いに際し、将来自分に反旗を翻《ひるがえ》す恐れのある将軍の部隊をわざと不利な戦闘地域に行かせています。ヒトラーの軍隊に殲滅《せんめつ》させられたら、それはそれで好都合だと考えていたのです。フビライ・ハンも江南軍をそう位置づけていた可能性は否定できません。

それはともかく、わが日本はまさに風前の灯《ともしび》……といった運命にありました。

ところが、閏七月一日、台風が吹き荒れたのです。ふたたび、黒田俊雄氏の記述を読んでみましょう。

前日夜半から吹きはじめた北西の風は夜に入っていっそうはげしく、海はわきかえって風濤は船をうち砕いた。漂没した元の軍船の残骸は算を乱したごとく海面をおおった。数万の軍兵は波間にのまれ、島々や海浜に打ち上げられた数千人も竜神の怒りにおののいた。(『蒙古襲来』)

元軍は海の藻屑《もくず》となって消え、弘安の役は終わりました。元の日本攻略は二度にわたって失敗に終わったのです。

日本の勝因をさぐる

ここで日本が勝てた原因をさぐってみましょう。

（1）まず挙げるべきは、鎌倉武士の奮戦です。彼らの奮戦がなければ勝敗がどうなっていたか、わかりません。当時の日本が鎌倉幕府という「軍事政権」だったのは非常にラッキーでした。もし平安時代に元寇が起きていたら、貴族文化に浸っていた日本は元に占領されていたかもしれません。

（2）次は「神風」です。台風や大風は自然現象ですから偶然の要素もあります。しかし、季節風ですから必然的に起こったと考えることもできます。

中世の人たちは現代の人たちよりもはるかに神仏にすがったり、神仏の祟《たた》りを考えたりしていました。だから、元寇のときも人びとはひたすら祈りました。亀山上皇などは寺社に祈禱《きとう》を命じ、みずからも伊勢神宮まで赴《おもむ》き、お祈りをしています。とにかく、日本中の寺社がさかんにお祈りをしました。武士も、貴族も、寺社勢力も、国を挙げて祈った。「国を守るんだ」という日本人の気持ちが一致した。それが日本を救ったといえるかもしれません。

（3）しかし、決定的なのは三つ目の要因です。モンゴル人が本格的な騎馬戦を戦えなかったこと、これです。なぜ戦えなかったのかは、騎兵の本質に立ち返って考えてみる必要があります。

騎兵とは、一兵卒に至るまですべて馬に乗って戦う集団です。モンゴル人は子供のころから四頭から五頭、場合によっては十頭ぐらいの馬を手なずけて、いっしょに行動してきました。馬が疲れたら、別の馬に乗り替え、馬が撃たれて死んだときは、また別の馬に乗り替える。馬を乗り替えることによって、長い距離をものすごいスピードで移動することができる。ひとりひとりの戦士が数頭の馬を従えて、ものすごいスピードで草原を疾駆する——これがモンゴル人の騎馬軍団の最大の強みであり、向かうところ敵なしという勢いで帝国を築くことができた秘密です。

それに比べたら、武田信玄の騎馬軍団など、本来の騎馬軍団とはいえません。馬に乗っているのはわずかな武士で、あとは歩兵がくっついて走るだけだからです。移動距離は歩兵の速度に制約されますから、馬は勝手に走ることができない。これでは、厳密には騎兵とはいえません。

そうであれば、元軍は本来の騎兵戦をやればよかったではないか……といわれるかもしれませんが、実際には騎兵戦ができませんでした。なぜかといえば、仮に兵士ひとりにつき四頭の馬を運ぶとすると、たとえ二万人の兵でも八万頭の馬を船で輸送しなければならないからです。当時、そんな輸送技術はありません。それに馬はけっこうデリケートな動物なのです。揺れる船のなかでおとなしくしていられるかどうか……。餌の問題だってありました。

日本という国は中国大陸とのあいだに対馬海峡や玄界灘があり、外国と国境を接しているわけではありません。いいかえれば、海が天然の濠《ほり》の役割を果たし、それが防衛に役立っていたのです。日本という国が地政学的な条件に恵まれていたこと、それが中国と陸続きで何回となく侵略を受けた朝鮮半島との違いです。

元寇が日本人にもたらした「三大ポイント」

元寇が日本人にもたらしたものは三つあります。

①なんといっても大きいのは、日本人のあいだに「国家意識」が醸成されたことです。蒙古襲来の国難から日本という国を守るんだという気概が生まれた。「国」という意識が否応なく形成されたことはじつに大きな収穫でした。

②元軍に侵略され、残虐な仕打ちを受けたことが民族の記憶に刻み込まれたことも見逃

せません。蒙古と高麗のことを指す「ムクリコクリ」という言葉は、不吉な恐ろしい意味をもつ言葉として日本海側一帯に広がり、いまだに残っています。

私が北海道教育大学の釧路校で教えていたとき、青森の津軽からきた学生がいました。なにかの拍子に「ムクリコクリ」の話が出たとき、彼は子供のころ「泣くと山からモッコがくるぞ」と脅されたといっていました。「モッコ」とは蒙古のことでしょう。モンゴル人の恐ろしさはそんなふうに日本民族の記憶に刻み込まれ、「油断するな」と警告を発し続けているのです。

③「脅威は朝鮮半島からやってくる」という認識が日本のなかに定着したことも重要です。

日清戦争も日露戦争も朝鮮半島からの脅威からはじまっています。朝鮮半島はいわば、日本列島の脇腹に突きつけられた匕首《あいくち》のようなものです。このポイントを理解しなかったら、幕末の日本、さらには近代日本が朝鮮半島に抱いた恐怖感を知ることはできません。安全保障上の焦点がなぜ朝鮮半島なのか――それを日本人に教えたのが、十三世紀に起こった元寇という国難だったのです。

第三講

「江戸の平和《パックス・トクガワーナ》」をつくりだしたもの

～近世の日本／安土桃山・江戸時代～

なぜ武士が力をもつようになったのか

日本は聖徳太子の時代に、事実上、国家の基本方針を決めました。当時、東アジアには中国（隋）が世界の中心であるという「華夷秩序《かいちつじょ》」がありました。世界の中心にいるのが中国の皇帝で、周辺の国々はそれに従属ないし隷属するというシステムです。そうした体制から抜け出すことを明確に意思表示したのが聖徳太子でした。

その具体的な表れが「天皇」という称号です。六〇八年、遣隋使にもたせた国書に「東《やまと》の天皇、敬《つつし》みて西《もろこし》の皇帝に白《もう》す」とあったことはすでに触れたとおりです。天皇の「皇」の字は皇帝の「皇」と同格ですから、「わが国の天皇は中国の皇帝と対等である」と闡明《せんめい》したのです。それ以降、わが国はずっと「天皇」という称号を用い続け、独自の文化・文明を築き上げて今日《こんにち》に至っていることはご説明するまでもありません。

そうした独自路線がもっとも大きく開花したのが江戸時代です。大まかに位置づけると、江戸時代は日本独自の文化がその究極まで行き着いた時期だ、といっても過言ではありません。その中心に位置していたのが武士でした。

では、なぜ武士が力をもつようになってきたのでしょうか。

平安時代、非常に治安が乱れた時期がありました。「平将門《たいらのまさかど》の乱」（九三五年）、「藤原純友《ふじわらのすみとも》の乱」（九三九年）など、朝廷の支配がおよばない地域が日本国中に出てきて、そのため貴族たちは自分たちの安全を守るための用心棒として武士に頼ったのです。また、源氏や平家のように、武芸を専門とする貴族の家柄も登場してきて、次第に地位を確立していったのです。

私のこうした考え方は、作家であり歴史研究家でもある井沢元彦氏の説とも一脈通じています。ちなみに井沢氏は『逆説の日本史　4』（小学館文庫）において、武士登場の要因として――①貴族の用心棒、②軍事という「ケガレ」の担当者、という二点を挙げておられます。

そうして中世に武士の政権（鎌倉幕府）ができます。ただしこの時代の特徴は、日本全体をがっちり統括するような政府は存在していなかったということにあります。

ふつう、鎌倉幕府の成立（一一九二年）から武士の時代がはじまったとされています。そういうと、武士が日本全体を取り仕切って支配していたようなイメージになりますが、じっさいのところ、鎌倉幕府が任命した守護・地頭の権限は全国的に広がっていたわけではありません。朝廷はいまだに荘園を所有して大きな力をもっていましたし、寺社勢力も強大な力をもっていました。すなわち、①武士層、②朝廷、③寺社という三つの勢力が鼎《てい》立《りつ》して、そのどれもが他を圧倒するような力はもたなかったのです。これを学問的には「権門体制《けんもんたいせい》」といいます。荘園を経済的な基盤として、①公家《くげ》権門、②宗教権門、③武家権門が三派鼎立の状態にあった、というイメージをおもちになればいいと思います。

そうした中世の社会にあっては、どの集団もみずから武装して身を守る必要がありました。だから農民も武装していたし、僧侶も武装していました。武装した僧侶は「僧兵」と呼ばれました。どの社会集団も自分たちを守ってくれる者がないのですから、「自力救済」といって自分で自分の身を守ったのです。自分の生存権は自分で保障する時代。これを「中世的アナーキー」といったりもします。

そんな中世の社会がやがて戦国時代を経て、天下統一へと向かっていきます。織田信長、豊臣秀吉を経て、徳川家康の江戸時代に入っていくのです。

世界が注目する「パックス・トクガワーナ」の統治システム

戦国時代を経て、戦争のない平和な社会をつくり出した近世社会が江戸時代です。江戸時代を「パックス・トクガワーナ」と呼称しています。これは「徳川の平和」あるいは「江戸の平和」と解釈すればいいでしょう。

「パックス」というのは、ラテン語で「平和」を意味します。

ローマ帝国の初代皇帝アウグストゥスの時代（紀元前二七年～紀元一四年）から約二百年間、帝国が強大な力をもって非常に広大な領土を支配したため、その領土内では紛争が起こらなかった。帝国の領土では道路や水道などのインフラが整備され、都市文化も各地に浸透しました。そしてローマの市民権をもった人びとも増え続け、商業活動も繁栄をきわめたのです。そうした平和な時代を評して「パックス・ロマーナ」と呼んだのです。

近代においては、イギリスが大きな力をもって世界を支配した時代を「パックス・ブリタニカ」と呼んでいます。第二次世界大戦後は「パックス・アメリカーナ」の時代を迎えますが、これはアメリカが「世界のボス」として支配した時代ですから、かならずしも戦争のない平和な時代とは言い切れません。

江戸時代の「パックス・トクガワーナ」は、以上のような呼称にちなんでつけられた言葉です。これは日本国内にかぎった徳川時代の平和、江戸時代の平和のことですから、世界的な広がりがあったわけではありません。しかし、ひと口に「徳川三百年」といわれる時期が戦争のない平和な時代であったことは特筆すべき事実です。その意味では、「パックス・トクガワーナ」は「パックス・アメリカーナ」より適切な表現であるといえそうです。

評論家の入江隆則さんは、「江戸時代につくられた社会システムや人間集団のあり方がこれからの世界システムの参考になるのではないか」という趣旨の議論をされています。つまり、これからの世界はどこかの国が覇権をとるような形態ではなく、人工衛星なども活用して相互抑制システムになるのではないか、と。その意味では、「パックス・トクガワーナ」は未来を先取りするシステムであったといえるかもしれません。

「パックス・トクガワーナ」は「江戸システム」といいかえることもできます。たとえば大名の転封《てんぽう》・改易《かいえき》という制度をみても、ある大名が一定地域に根づいて力を蓄え、反乱を起こすのを避けようとしています。大名の配置換えの権限は幕府が一手に握っていたのです。徳川家との信頼関係を基にして、大名を「親藩」「譜代大名」「外様《とざま》大名」の三つに分けて相互牽制させたのも、いってみれば武力による戦争が起こらないように抑制するシステムだったといっていいでしょう。

そうかといって、幕府そのものが飛び抜けた経済力をもっていたわけではありません。きわめて小さな政府でしたから、徳川家康は細かなコントロールと政治的な気配りによって戦争が起こらないようなシステムを案出したといえます。だからこそ徳川時代はいろいろな意味で研究に値すると、世界の人びともみていますし、われわれ日本人もそうすべきだと思います。

「パックス・トクガワーナ」五つの秘密

江戸時代が平和だった理由の第一は、なんといっても戦争がなかったことです。驚くべきことに、対外戦争はもちろんのこと、国内戦争も江戸初期に勃発した「島原の乱」（一六三七年）以降は、二百三十年間まったくありませんでした。藩同士の小競《こぜ》り合《あ》いさえありませんでした。このような国は世界中を見渡しても存在しません。そうした二百三十年間の平和が基になって文化の花を開かせ、富を蓄積していったのが江戸時代です。

江戸時代が平和だった理由の二つ目は、治安がすばらしくよかったこと。百万都市の江戸をたった二十四人の同心――いまでいえばお巡りさんが巡回して、それで治安が保たれていたわけですから、信じられないような話です。享保《きょうほう》の二十年間で伝馬町《でんまちょう》の牢獄内の囚人はゼロ！　二十年間にひとりも囚人がいなかったというのですから、異常に低い犯罪率です。江戸の町はそれほど治安が良かったのです。

三番目は、教育程度が高かったことが挙げられます。武士は一〇〇パーセント読み書きができましたし、全国の庶民の識字率はだいたい五〇から六〇パーセント。江戸の庶民はもっと高くて八〇パーセントだったといわれています。そのため江戸では、古本屋や貸本屋がものすごく発達しました。

四番目としては、町がきわめて清潔だったことを挙げるべきでしょう。住居も清潔に保たれ、当時のアジアはもちろん、ヨーロッパに比べても上水道が完備していました。これも江戸時代のきわだった特徴のひとつです。当時すでにエコシステムのようなものが発達していて、とくに大きな意味をもったのが人糞の処理でした。人糞を買い上げて農家に届ける「汚穢屋《おわいや》」という商売ができ、人糞に値段をつけ、競《せ》り市《いち》まで行うシステムが構築されていました。

フランスのパリ市など、十九世紀中葉のセーヌ県知事・オスマンの大改造までは、糞尿を上の階からバケツで道路にぶちまけて垂れ流していたほどです。こうもり傘の起源は、雨を避けるためではなく、上から降ってくる糞尿を避けるためだったといわれています。ハイヒールも女性が背を高くみせるためではなく、糞尿を避けるためだったといわれています。きれい好きの日本人には、当時のパリ暮らしなど、とても耐えられなかったと思います。

最近では中国の食事情がいかに汚く、ひどい状態であるかということも、だいぶわかってきました。二〇〇七〜〇八年の「毒ギョウザ事件」や最近の「期限切れの鶏肉・牛肉事件」によって、日本人もこれまで隠蔽《いんぺい》されてきたあの国の不衛生やひどさを皮膚感覚で知

現在の銀座にあった芝居小屋「木挽町森田座」の様子。

るようになり、「もう付き合いきれない」といった気持ちになっています。中国は理想の社会主義国でもなんでもない、時代遅れの共産党一党独裁国家にすぎません。

それはともかく、江戸時代は国際標準に照らして、ずば抜けて衛生的で、伝染病も少ない社会であったということを承知しておいてください。

五番目としては、演劇や絵画など、どれをとっても「江戸文化」が庶民のものであったことにも驚かされます。私どもの「新しい歴史教科書をつくる会」が主催している「日本史検定講座」で、評論家の加瀬《かせ》英明《ひであき》さんに江戸文化の話をしていただいたことがあります。そのとき加瀬さんは——歌舞伎は庶民が観るものであって、武士は観てはいけないとされていたこと、武士が観るのは能楽である、と論じておられました。

　ヨーロッパでは、演劇は貴族のものであって庶民のものではありませんでした。絵画にしても同様です。いかに江戸時代がいい時代であったか、以上の五点からも明らかだと思います。

　このように主なものだけ数え上げても、「パックス・トクガワーナ」を構成する要素は同時代の世界から抜きん出ていました。日本人は縄文時代から争いごとを避け、和を重んじ、また感覚も細やかで勤勉であるという特質をもっていました。

　そうした特質をもった人間がつくる社会、文化、技術といったものは、かならず実を結びます。江戸時代の文化的な要素はどれをとっても世界に冠たる水準に達していたと、胸を張っても許されます。

葛飾北斎の「画本東都遊」に描かれた江戸時代の本屋の様子。（国立国会図書館所蔵）

　職人の世界も江戸時代に、ものすごく発達しています。職人というと、町民や農民がその職に就いていたと思うかもしれませんが、じつは武士が率先して担っていました。映画などではふんぞり返って威張る武士のイメージが固定化しておりますが、それは間違い。じっさいには武士、町人、農民が力を合わせて職人仕事に取り組んでいたのです。

江戸時代は世界史的に考察しても、じつに驚くべき時代だったのです。

「鎖国」と「刀狩り」が平和な江戸時代をつくった

では、このように秀れた江戸社会はどのようにして生まれたのでしょうか。大枠として、二つのことを捉えておかなければなりません。

ひとつは「鎖国」です。鎖国こそが江戸時代を江戸時代たらしめた大きな要因となっています。

もうひとつは「刀狩り」です。

どちらも豊臣秀吉の政策に起源があることに気づけば、秀吉という政治家が近世の日本社会をつくるうえでいかに大きな役割を果したかがわかります。調べれば調べるほど、日本史上、類稀《たぐいまれ》な洞察力をもった天才的な政治家だったことを強く感じます。

まず、「鎖国」からみていきましょう。

じつは、「鎖国」という言葉は江戸時代を通じて存在していませんでした。そもそも「鎖国」という言葉自体なかったのですから、人びとは「鎖国をしている」という意識もありませんでした。

「鎖国」という言葉を初めて使ったのは一八〇一年、長崎の蘭学者で、オランダ語の通詞《つうじ》（通訳）でもあった志筑忠雄《しづきただお》という人だったとされています。

オランダ商館付きの医師として長崎の出島に二年間滞在したエンゲルベルト・ケンペルというドイツ人が、帰国後、『日本誌』という博物学の本を書いています。日本の動植物にはじまり、その他さまざまな知見をまとめた本です。それを翻訳したのが、いま名を挙げた蘭学者・志筑忠雄でした。

その『日本誌』の六章からなる付録の二番目の論文は――「今の日本人全国を鎖《とざ》して国民をして国中国外に限らず敢《あえ》て異域の人と通商せざらしむる事、実に所益なるに与《あずか》れりや否やの論」というじつに長ったらしいタイトルでした。これではあまりに長すぎるため、志筑忠雄は論旨を明確につかんだ言葉を文中から探し出し、「鎖国論」と名づけたのです。ここから「鎖国」という言葉ができたのです。

その意味では、日本人も江戸時代の後期になって初めて「鎖国」という言葉を使いはじめたことになります。

さて、私たちが「鎖国」という言葉から受けるのは、国を閉ざして外国との付き合いはいっさい遮断《しゃだん》し、しかもキリスト教を弾圧する……といった閉鎖的で暗いイメージです。教科書でもだいたいそんなふうに書かれています。

しかし、じっさいは違いました。幕府のコントロールはあったにせよ、貿易はかぎられたかたちで続けられていましたし、長崎の出島や蘭学を通じて、ヨーロッパの情報も入ってきていました。そのため、幕末には洋学が発達しています。貿易も情報もコントロールされながらも、必要なものは取り入れていたのです。

日本はかつて中国からの輸入に頼っていました。どんなものを輸入していたかというと、鎌倉時代は宋の国から宋銭、次いで明からの明銭、つまり銅です。あるいは木綿も輸入していたし、陶磁器、砂糖、生糸なども中国から買っていました。ところが江戸時代に入ると、そういったものが国内でも生産できるようになり、幕末になると、生糸《きいと》などは逆に輸出品になっています。それを受けて、江戸時代の日本人には「われわれは自立してやっていけるぞ」という意識が生まれるのです。

このように鎖国政策によってこそ、江戸時代の平和・発展が可能になったという面があるのです。

豊臣秀吉とキリスト教

次に、鎖国がいかに秀れた政策であったかということを見ていきましょう。

日本が西欧と出会ったのは十六世紀でした。

十六世紀というと、一五〇〇年代です。まず一五四三年に種子島銃《たねがしまじゅう》（鉄砲）が伝来し、一五四九年にはフランシスコ・ザビエルがキリスト教を伝えにきます。時は群雄割拠の戦国時代でした。信長と秀吉はキリスト教に関して、「まあ、いいじゃないか」と、寛容に認めています。どちらかというと、異質なものを珍重するような態度で認めましたので、彼らには西欧コンプレックスはなかったといっていいでしょう。

ただし秀吉の場合、キリスト教について「まあ、いいじゃないか」といったのは最初だけで、のちになると態度が微妙に変わってきます。それというのも、南蛮貿易は大きな利益をもたらしましたが、キリスト教のほうには少々、問題があったからです。

ご承知のように、多神教の日本では宗教が開かれています。「神仏習合」といわれるように、日本では神と仏がどこかで融合したり混淆《こんこう》したりしています。神社のなかにお寺があったり、お寺のなかに神社があったりしますから、日本人は仏さまも神さまも、ともにありがたく拝みます。ところがキリスト教は一神教ですから、正しい神はただひとつしかありません。神も仏も……ではなく、唯一の神を絶対者とするわけです。

キリスト教が神を「唯一絶対」とするならば、他の宗教はどうなるか？　当然、仏教も神道も邪教ということになってしまいます。

キリスト教に帰依《きえ》する日本人信者がやがて数十万人に達すると、彼らはその信仰のゆえに神社・仏閣を焼き払うようになります。「キリスト教こそが絶対的な真理であり、他の宗教は邪教だから潰さなければならない」という考えに基づいた行動です。そうなると、さすがの秀吉もキリスト教を放ってはおけなくなります。

当時、日本にやってきていたのはスペイン、ポルトガルといったカトリックの国々でした。そこで秀吉は、そうした国々とどう付き合うべきかという難問に直面します。

——南蛮貿易は経済的発展の糸口になるので続けたいが、キリスト教がこのまま広がると日本の根本的な精神のあり方を破壊することになるので、それは困るという一種のジレンマです。

いかなる時代の為政者も心しなければならないのは国を豊かに富ませることです。その一方では、国民の安全も考えなければなりません。「安全」といっても、武力による侵略を防ぐだけでなく、思想的にも侵略されないようにしなければなりません。すなわち、秀吉はこのとき、「国富」と「安全」の二つをどう調和させるかという問題に直面したのです。

秀吉が「バテレン追放令」を出したのは、一五八七年（天正十五年）六月十九日（和暦）のことでした。秀吉は九州平定の途次で、博多に滞在していましたが、追放令発布の前夜、バテレンの所業について僧侶たちの訴えを聞きました。バテレンは領主をそそのかして領民を強制的に入信させるだけではなく、領内の寺や神社を壊し、僧侶や神官を追放するなどしているというのです。

秀吉は激怒しました。ただちに高山右近に書状を送り、棄教を迫りました。そして平戸から会いにきた宣教師コエリョにも使者を送り、次のような詰問をしました。
①なぜ領民を強引に改宗させるのか、②なぜ神社仏閣を破壊するのか、③なぜ牛馬の肉を食うのか、④なぜポルトガル人は多くの日本人を奴隷として買って連れ帰るのか。
コエリョは秀吉に納得のいく返答をすることができませんでした。

秀吉が発した「バテレン追放令」は次の五項目からなっていました。ただし、ここで注目すべきは、布教に関係しない外国人商人の渡来に関してはなんら規制を設けないことが示されていることです。また、個人が自分の意思でキリスト教を信仰することは規制していませんでした。

一、日本は神国《しんこく》なので、キリシタンの国から邪教《じゃきょう》（キリスト教・藤岡注）を伝えることは許さない。
一、バテレンが地元の人々を近づけて信者にし、彼らをそそのかして神社や寺院を打ちこわしているのは、これまでに一度もなかった悪事である。
一、バテレンを日本に住まわせることはできないので、二十日以内に準備して帰国せよ。
一、ポルトガル・スペイン船が貿易に来るのは事情が違うので、今後も自由に売り買いしてよい。
一、仏教をさまたげない者は、商人はもちろん、だれでもキリシタン国と自由に行き来してよい。

秀吉はキリスト教に対する方針を変えたものの、この「バテレン追放令」は経済的な理由から厳格に実施されることはありませんでした。というのも、この布告を出すと、スペインやポルトガルが「南蛮貿易を止めるぞ」といって脅しをかけてきたからです。南蛮貿易は経済的に非常に有益であり、これを止められると日本としても痛手になります。そこでさしもの秀吉も腰が引けてしまったのです。

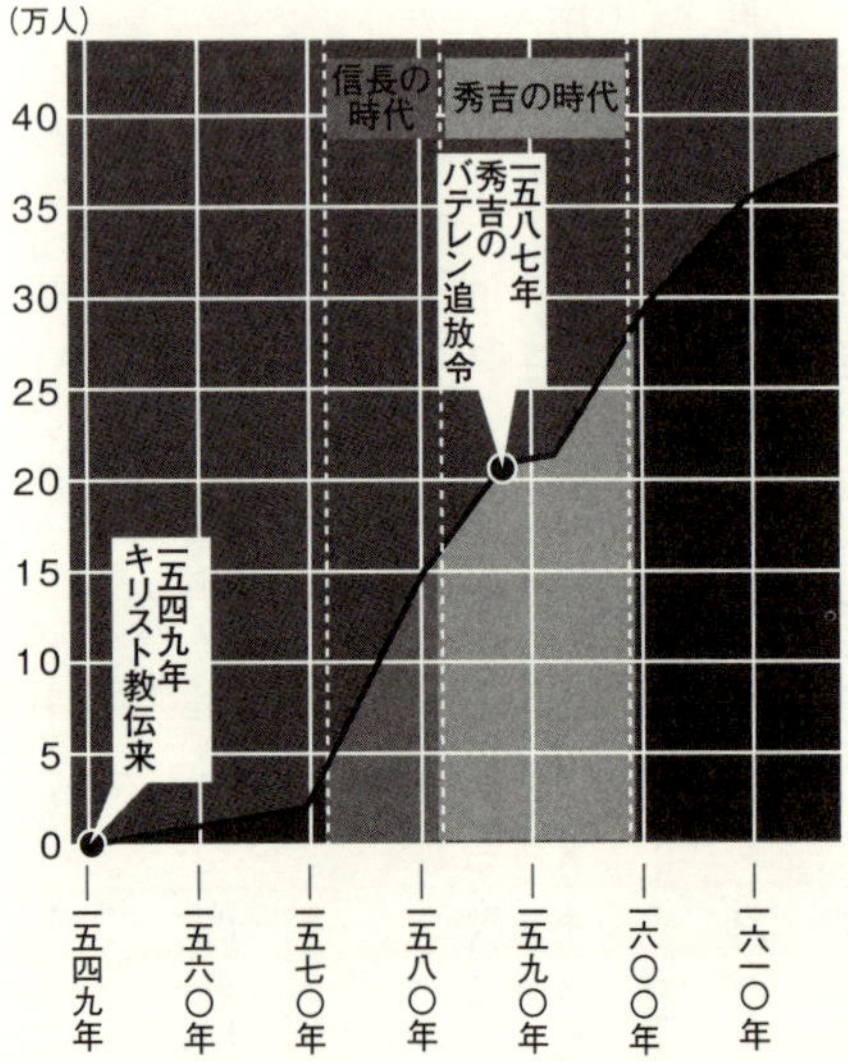

キリスト教信者の増加。イエズス会の宣教師らが世界中にキリスト教を広めた。（五野井隆史「日本キリスト教史」より作成）

私どもの『新しい歴史教科書』には、キリスト教信者の増加を示すグラフが載っています。それを見ると、「バテレン追放令」が出た前後の時期こそ増加率が鈍っておりますが、しばらく経つと元どおりの伸びを示しています。

ただし一五九六年、スペイン船のサン・フェリーペ号が土佐沖で難破したとき、船長が新大陸の侵略に関してこんなことを語ったという風説が流れました。――「われわれはまず宣教師を送り込んで、その国にキリスト教を広める。そうして、キリスト教およびヨーロッパ人に対する現地の人たちの抵抗感を和らげておき、そのあと軍隊が入って多くの王国を服属させてきた」と。

それを耳にすると、秀吉は二十六人の宣教師たちを長崎で磔《はりつけ》にしています。いうまでもなく、これは「わが国は侵略を許さないぞ」という断固たる姿勢を示したものでした。

じっさいスペインは、日本侵略の際は天草に基地を置くという想定をして、かなり具体的に計画を練っていたようです。時のスペインの国王はフェリペ二世で、絶頂期にありましたから、「日本侵略計画」を練っていたとしても不思議ではありません。ちなみに、フェリペ二世の名前にちなんだ国があります。「フィリピン」です。フィリピンは当時スペインの植民地でしたから、国王にちなんで名づけられたのです。

フェリペ二世と秀吉はともに海外進出をもくろんでいましたから、対立する関係にありましたが、幸い日本とスペインとのあいだで戦争が起こることはありませんでした。一五九八年にフェリペ二世が亡くなると、その五日後に秀吉も亡くなったからです。

「鎖国」の完成は三代将軍・家光の時代

しかし、ヨーロッパとどのように付き合うかという課題は残り、それは次の代の徳川家康にバトンタッチされます。秀吉の「バテレン追放令」が起点となって、その後三回の禁教令と五回の鎖国令が出されます。そして五十二年後の一六三九年、徳川家光が最後の「来航禁止令」を出して鎖国が完成するのです。

江戸時代に入ると、ヨーロッパとの付き合い方に、いくつかの条件の変化と出来事がありました。

ひとつは、オランダが幕府に接近してきたことです。オランダは「私たちはキリスト教を押しつけようとしたり、布教したりしません。宗教と交易は分離して、貿易だけでお付き合いしますから、ご心配いりません」と、猫なで声でいってきました。

二つ目は、キリシタン大名が非常に力をつけ、キリスト教信者の数が以前よりも増えてきたことです。

三つ目は、江戸時代初期の一六三七年に「島原の乱」が起きたことです。増え続けるキリスト教徒への迫害、領主の圧政に反抗して立ち上がったのが天草四郎をリーダーとするキリスト教徒や農民でした。しかし翌年、幕府は十二万の大軍を送り、反乱を鎮圧しています。

この反乱に驚いた幕府はキリスト教の取り締まりをいっそう強化して、日本中の人びと全員を宗門《しゅうもん》改帳《あらためちょう》に登録させ、管理を徹底するとともに、一六三九年にはポルトガル船の来航を禁止しました。ここに「鎖国」が完成したということができます。

ひと口にいえば、この鎖国令によって日本はヨーロッパの思想的侵略を排除しつつ、コントロールされた貿易を続けることになります。これが江戸時代の発展を促した第一要因となります。

「刀狩り」の真実

江戸時代の発展の第二の要因は、前述したとおり「刀狩り」です。よく評論家などが、日本が平和な国家になったのは刀狩りのおかげであると論じていますが、それはほんとうに正しいのでしょうか。

まずは豊臣秀吉の「刀狩令」を読んでみましょう。

一、各地の百姓が、刀や短刀、弓、槍、鉄砲、その他の武器をもつことをかたく禁止する。そのわけは、百姓が不必要な武器をもっていると、年貢や税を出ししぶり、おのずと一揆《いっき》をくわだてて、大名から土地をあたえられている家臣に対して、不法のふるまいをする者が出て、もちろん処罰される。そうすると、その者の田や畑は耕されずに、領地がむだになってしまうからだ。そこで、大名や家臣、代官は、以上の武器をすべて集め、さし出しなさい。

一、とり集めた刀や短刀などは、むだにしてはならないので、このたび建てさせている京都の方広寺《ほうこうじ》の大仏のクギやかすがいに使う。そうすれば、現世《げんせ》はもちろん、あの世まで百姓が助かることになる。
一、百姓は農具だけもって、ひたすら農業に打ちこんでいれば、子孫の末まで長く暮らしを保つことができる。じつに国内が安らかとなり、人々が幸せになるもとである。

大名や家臣が領民に「刀狩令」を説明するとき、「大仏の釘に使うから武器を出しなさい」という説得方法は大いに役立ったそうです。当時の領民はそれだけ信心深かったということです。

秀吉は一五八七年に、「喧嘩停止令《けんかちょうじれい》」も出しています。「村にある武器を使わないようにせよ」と呼びかけたのです。この「喧嘩停止令」は江戸時代になった一六一〇年にも出されていますので、たとえ一揆が起こっても、領主側も一揆側も鉄砲不使用の原則は守られました。とりわけ領主側は、一揆側が鉄砲を使わないかぎり絶対に鉄砲を使用しなかったといわれています。

江戸時代に百姓一揆は千四百三十件あったそうです。そのうち武器が使われたのはわずか一パーセントの十五件にすぎません。しかも、それはやくざにも似た浪人連中が一揆に参加するようになった幕末に集中しています。江戸時代を通じて百姓一揆でほとんど武器

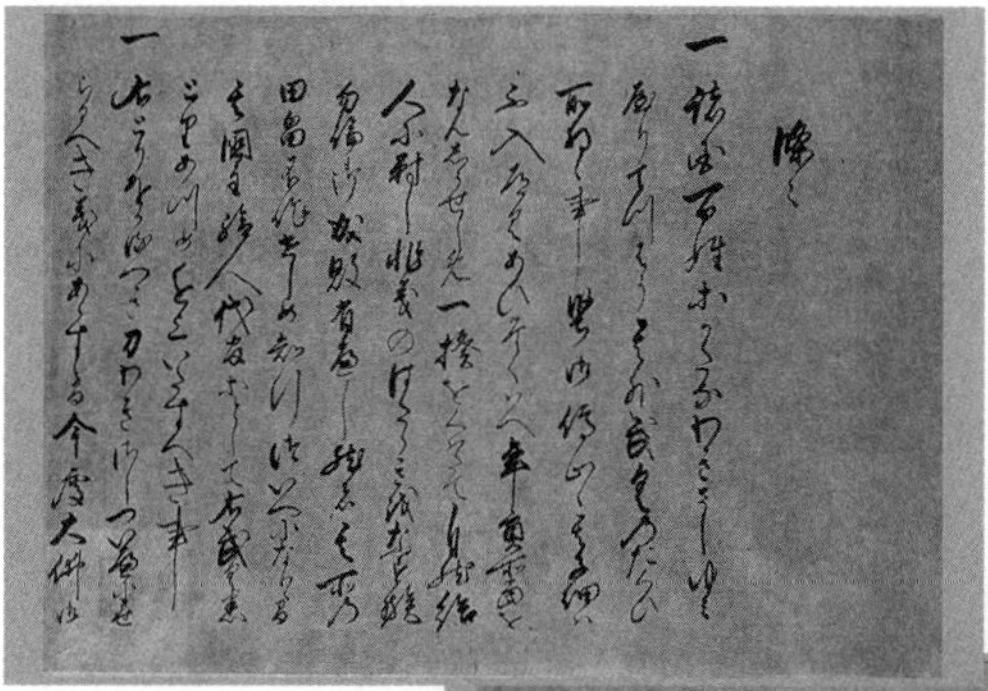
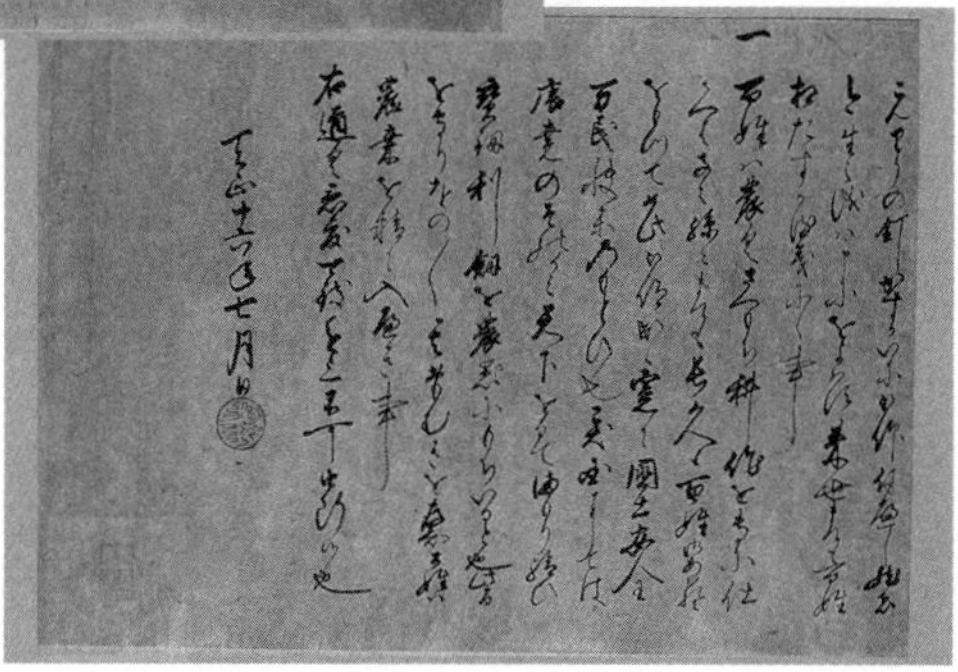

秀吉が発布した刀狩令。
（早稲田大学図書館所蔵）

が使われなかったのは、武器がなかったからではなく、一揆側も武器の使用を封印するというルールを守ったからです。

刀狩りによって武器が剝奪《はくだつ》されたのでなく、民衆側が自発的に武器を封印したのです。武器を所持していながらも、それを使わないという自制が社会集団の相互に働いていた。それが「パックス・トクガワーナ」の大きな要因です。

歴史学者の藤木久志氏も『刀狩り』（岩波新書）という本のなかで、次のように指摘しています。

秀吉の刀狩りで民衆は武装

解除され「素肌」にされてしまったわけではなかった。しかし、人々は手元の武器を封印することに合意して平和を実現し、その平和を長く保ちつづけた。（中略）

刀狩令と喧嘩停止令、この二つの武器制御のプログラムは、長くきびしい戦国の内戦と自力の惨禍を痛切に体験した世の中の、平和への希いと合意に支えられて誕生した。だからこそ長い生命を持ちつづけた。

この藤木氏は、日本の歴史上、刀狩りは三回あったと指摘しています。

一回目は、この秀吉の刀狩り。

二回目は、明治維新の「廃刀令」です。もっとも、この廃刀令はナマクラな法律で、長い刀を腰にさして歩くことは禁止しましたが、なにかに包んであればまったくかまわなかったといいますから、じつは帯刀禁止令だったのです。「人前で刀を腰にさしてはいけません。こっそりもって歩きなさい」というのが明治維新の廃刀令でした。したがって、この廃刀令によって武器が減ることはありませんでした。

三回目の刀狩りは、大東亜戦争後のGHQ占領下におけるマッカーサーの「武器引き渡し指令」です。日本刀は軍国主義の象徴とされ、約三百万本が没収されています。唯一の実質的な刀狩りがアメリカによるこの武装解除だったといっていいでしょう。もっとも、この指令によっても根こそぎの武装解除はできませんでした。それというのも、現在でも日本刀は美術品として登録すれば所有が可能だからです。そのため、日本刀はいま巷《ちまた》に二百四十五万本出まわっているそうです。

「百姓」とはなにか

さて、江戸幕府は秀吉の刀狩りの方針を受け継ぎ、武士と百姓、町人を区別する身分制度を定めて平和で安定した社会をつくり出しました。

武士は統治を担う身分として苗字《みようじ》・帯刀《たいとう》などの名誉をもつとともに、治安を維持する義務を負い、政治にかかわりました。

そうした統治の費用を負担したのが生産・加工・流通にかかわる百姓と町人でした。

このほかに公家《くげ》や僧侶、神官《しんかん》などがいました。

このように異なる身分の者同士がおたがいに依存し合いながら、戦乱のない安定した社会を支えていたのが江戸時代です。ただし武士と百姓、町人を分ける身分制度はかならずしも厳格で固定されたものではありませんでした。百姓や町人から武士に取り立てられる者もあれば、武家の二男、三男で農家に養子に出る人も見られたからです。

みなさんは、農業に従事しているのが「農」、鉱工業生産に携わっている人が「工」、商業を営む町人が「商」、と思われているのではないでしょうか。じつは、士農工商という区分は中国の古い書物にある言い方にすぎず、江戸時代にじっさいに行われていた身分制度は武士と百姓、町人の三つの身分を区別するものでした。

いま高校で使われているたいていの教科書には、農民が八〇パーセント前後、武士は七パーセント程度と書かれています。では、漁民はどこに入るか？　林業に携わる人たちはどうなのか？　そのことにハッと気づいたのが関山直太郎という人でした。

そこで当時の史料を調べてみると、「農民」という言葉はなく「百姓」と書かれていることがわかりました。つまり、どこかの段階で、「百姓」とは「農民」のことであるという思い込みが成立してしまったのです。でも「百姓」とは、「農民」だけをさす言葉ではないのです。「百の姓」ですから、すべてをふくんでいます。漁民も林業に携わる人びともみな「百姓」なのです。

城下町に住む鍛冶屋《かじや》は「町人」、村の鍛冶屋は「百姓」ということになります。したがって、「百姓＝農民」という通念はまったくの間違いなのです。

「水呑み百姓」といういい方があります。これは農地を所有していない百姓という意味です。江戸時代の考え方では、農地をもっているかどうかを基準にして、「本百姓」「水呑み百姓」と分けていました。「水呑み百姓」というと、ものすごく貧しい農民をイメージしがちですが、これは検地帳のうえでのランクにすぎませんでした。実際は農村の事業主や商工業者でも、そういう人たちはすべて百姓のうちの「水呑み百姓」に位置づけられていたのです。ですから水呑み百姓といっても、経済的に見たら「新興ブルジョワジー」といってもいいくらいの人たちもなかにはいたわけです。

江戸時代はホンネとタテマエがものすごく乖離《かいり》していた社会です。先に見た「バテレン追放令」にしても条文と実態はズレていましたし、「刀狩令」もホンネとタテマエは相当に乖離していたのが現実なのです。

江戸後期の農民は下級武士より豊かだった

アメリカのある社会科学者の本を読んでいて、なるほどと思ったのは、社会についての見方には二つあるという指摘でした。

ひとつは、社会を闘争という局面で見ていく見方です。これを「葛藤理論」（コンフリクト・セオリー）といいます。社会を構成している階級あるいは社会集団が闘い合うことによって社会が変化していく、という考え方です。マルクスの階級闘争史観やダーウィンの生物進化論における適者生存の法則もこの範疇《はんちゅう》に入ります。

もうひとつは社会集団ないし人間集団が闘うことなく、おたがいに協力し、あるいは棲み分けて、たがいに生き残っていくという見方です。これを「協調理論」（コーポレート・セオリー）といいます。京都大学の今西錦司《いまにしきんじ》氏の「棲み分け理論」など、ここに入ると思います。江戸時代などはまさに武士と百姓、町人がうまく棲み分けて平和を保った時代であったといえるでしょう。

ところが戦後の日本では階級闘争史観がさかんになりましたから、「江戸時代の武士と農民は階級闘争を演じていた」という見方をする人たちが大勢出てきました。マルクス主義の階級闘争史観はもっとも典型的で極端な「コンフリクト・セオリー」の一つですが、武士と農民はまさに闘争（コンフリクト）していたとみるわけです。

じっさい、歴史家の羽仁五郎氏などは「武士は支配階級として裕福な生活をし、農民は動物以下の生活に押し込められ、食うや食わずであった」という趣旨のことを言い続けました。その証拠として挙げたのが、「百姓は生かさず殺さず」とか、「百姓とゴマの油は搾《しぼ》れば搾るほど出る」といった言葉でした。片言雙句《へんげんそうく》を証拠にするようなそんな本は、いま読み返したら「なーんだ、ばかばかしい」といって五、六ページも読んだところで放り投げてしまうに違いありません。

マルクス主義にもとづく歴史学は「農民は搾取されて動物のようにうごめくだけで、ろくに食えなかった。土を這いずりまわる哀れな存在である」という「貧農史観」をなんの根拠もなしに唱えてきました。しかし、最近の数十年間の研究でそうした見方は次々と覆されてきました。それに大いに力のあったのが年貢の研究です。じつはこの方面の研究は戦後の早い時期にアメリカの学者によってはじめられたものでした。

たとえば、江戸時代の年貢米の取られ方は「五公五民《ごこうごみん》」とされました。つまり五割を農民の手元に残して、武士層が五割を取る。だから「農民はふつうに米を食べられなかった」としてきたわけですが、これは理屈に合いません。農民が人口全体の八割。その農民が生産した米が「五公五民」で分けられたとすると、農民の手元には生産高の五割が残る計算になります。残りの二割の人たちに五割の米が行くといっても、いくら武士だって農民の四倍も五倍も食べられるわけではありません。

日本の左翼的な学者たちは「農民は貧しかったに違いない」というマルクス主義史観に捉われていますから、「貧しくなかった」といわれると、「ン？」という顔をします。しかし、アメリカの学者たちにはそんな偏見がありませんから、日本の近代化において江戸時代がどのような役割を果たしたかを虚心坦懐《きょしんたんかい》に調べたのです。有名なライシャワー元駐日大使もそうした学者のひとりで、『ライシャワーの日本史』（講談社学術文庫）という本を書いています。そして、江戸時代の農民の年貢は全然高くなかったということを突き止めています。

実際の生産がかなり伸びているにもかかわらず、十七世紀前半以来、年貢の質は実質的には増加していない。このため農民の手に入る生産物の分け前が以前より多くなっていたことは明らかである。村民の四分の一以上は小作農か、比較的裕福な農家に従属した農民（被官百姓）であることが多かった。（『ライシャワーの日本史』）

年貢がなぜ高くなかったかというと、検地は江戸時代の初めに行われましたが、後期になると、ほとんど行われなくなったからです。生産性が上がるようになっても、年貢の額は前のままだったのです。

しかも検地による課税対象は田んぼと畑と屋敷だけでしたから、船や工場のようなものをもっていても、それは全部対象外。無税ですから、農村では、いまでいう企業家が発展する余地が出てきました。農地に関しても、新田開発したものは税の対象にしなかったので、新田開発をすればするほど、農民はどんどん豊かになっていきます。すでに述べたように、農業生産技術の向上も計算に入っていません。

そのため幕末になると、農民の平均的な生活水準は中級の武士を上まわるようになっています。もちろん大名や上級武士には追いつかないでしょうが、ある人の計算によれば、農民の平均的な年収が現在の三百万円ぐらいだとすると、中級以下の下っ端の武士の平均給与は年収百万円ぐらいで、農民と武士では所得が逆転していたといいます。

武士が農民や町人を虐《しいた》げたという階級闘争史観は、まったく当てはまらないのです。

青木新左衛門ストーリー

話がちょっと脱線しますが、私の妻は山形県の出身です。昔ふうにいえば、米沢藩です。一六〇一年八月、関ケ原の戦いで西軍の味方をして敗れた上杉景勝は会津百二十万石から石高を減らされ、米沢三十万石に遷封《せんぷう》されます。石高はなんと四分の一に減ってしまいました。しかし上杉家は、七千人いたといわれる家臣をひとりもリストラせずに米沢に連れて行きました。そのため、どんなに切り詰めても藩の財政は火の車で、その負担は領民にもかかっていきます。

現在の行政でいうと、山形県長井市草岡という地区があります。ここは水利が悪いため、十分な米が取れない土地だったそうです。そこで上杉景勝は米沢に転封されると、この草岡で青苧《あおそ》の生産をはじめさせたといいます。青苧というのは麻の一種の繊維です。草岡はそれを年貢として収めていましたが、その負担は非常に重くてたいへんでした。

草岡村では青木新左衛門という人物が肝煎《きもいり》、つまり世話役をしていました。彼はもともと村の鍛冶屋の出身ですから、分類すると「百姓」です。二十歳のころに青木家に入り婿をして青木新左衛門を名乗っています。

一六二四年、青木新左衛門は村のリーダーとして青苧の年貢を軽減してくれるよう、藩に直訴《じきそ》しました。直訴は死罪です。ですから、相当覚悟のいる行動でした。その結果、藩は年貢を軽減してくれましたが、直訴の首謀者・青木新左衛門は暮れの十二月二十五日に磔《はりつけ》の刑に処されています。村人の要求を認めるのと引き換えに、責任者を処刑したのです。

青木新左衛門はこの直訴の前に、まず妻を離縁しています。青木家の一族のうえに累をおよぼさないような手続きをとります。形式上は天涯孤独となったうえで、あの直訴におよんだのです。死を覚悟しての行動でした。そこで村の人びとは「村を救った恩人である」として、雪の下から適当な石を探し出してきて青木新左衛門を顕彰する碑を建てました。

青木家は、一方ではこのように地域社会のなかでたいへん感謝され尊敬される面がありながら、他方では「重罪人の家系」というレッテルも貼られています。そんな複雑な面があるものの、青木一族はもちろんこの青木新左衛門を尊敬していますから、代々、名前に

「新」の字を使って彼を偲《しの》んでいます。

たとえば何代か前の当主は「新也」、その息子が「新吉」、その長女がひらがなで「しん」といいます。この「しん」が、じつは私の妻の母親なのです。したがって妻は青木新左衛門の末裔《まつえい》ということになります。

私は子供たちを妻の実家に連れて行ったときは、「自己の属する共同体のために命を捨てて村のために働いたりっぱな人物がご先祖さまであることを誇りに思いなさい」と言い聞かせています。

百姓のあいだにも、このように自己の属する共同体のために命を捨てる人物がいたのです。ふつうに考えると、百姓が領主の犠牲になるというのは階級闘争史観の絶好のネタになるところです。しかし、果たしてそうでしょうか。

虚心坦懐にみれば、領主の上杉家は青木新左衛門の行動を非常に評価したのです。しかし、だからといって年貢の減免を認めるだけにしたら示しがつかなくなってしまう。どこの地域だって年貢は軽くしてほしいと思っています。「年貢軽減」の直訴があったからといって、それをすべて認めていたら、収拾がつかなくなってしまいます。ですから、藩は青木新左衛門の行動を認めながらも、御法度《ごはっと》（法）に従って処分したのです。これは法を犯したことに対する当然の措置といえるでしょう。合理性をもったシステムであり、ルールだというべきです。

この一件から学ぶべきことは、武士だけでなく、農民のなかにも自己の属する共同体のためにみずからの命を捧げる、という自己犠牲の精神が息づいていたことです。

そもそも、近世の武士と農民は起源がいっしょなのです。武士は近世の農民のなかから生まれた存在だからです。それゆえ、武士と農民は基本的なモラルを共有しているのです。そういうなかにあって、武士と農民は一面では厳しい緊張関係も保ってきました。その緊張感と高いモラルが近世という社会をつくり、「パックス・トクガワーナ」を生み出したのです。

青木新左衛門のストーリーはそのように捉えるのが正しい見方であると、私は考えています。羽仁五郎や、その他の左翼学者のように階級闘争史観で捉えたら、完全に歴史を読み違えてしまいます。

明治維新を用意した江戸時代の「成熟」

一八六四年の「禁門の変」によって朝敵となった長州藩の実権は保守派が握ることになりました。そして勤王の志士たちを追い落とす「志士狩り」を強化します。そうした動きに対して決起を促したのが奇兵隊の高杉晋作でした。

ご承知のように、高杉晋作は松下村塾《しょうかそんじゅく》の吉田松陰《よしだしょういん》の弟子です。松陰からはいつも、「生きているかぎり大きな仕事ができると思うなら、いつまでも生きよ。死ぬほどの価値ある場面だと思ったら、いつでも死ぬべし」と語っていたといいます。この松陰の教えが高杉に挙兵を決意させたといわれています。

一八六五年に高杉晋作が決起したのは、下関市にある曹洞宗《そうとうしゅう》の寺・功山寺です。そこには長州藩のシンパの公卿《くぎょう》が五人、暮らしていたので、高杉は彼らに決起の報告をしています。武士というのはもともと貴族のボディーガードとして彼らに仕える身でしたから、決起の報告をするかたちをとったのでしょう。公卿たちは寒いなか丹前かなにかを着込んで歯をガチガチいわせながら高杉を迎えたといわれています。そこで晋作は、「長州藩士の

長州藩士で吉田松陰の弟子となった高杉晋作。騎兵隊を創設したことで知られる。（国立国会図書館所蔵）

松下村塾を立ち上げ数々の幕末の志士たちを育て上げた吉田松陰。（山口県文書館所蔵）

肝っ玉をお見せしましょう」とタンカを切って出発しました。その後ろをちょろちょろついて行ったのが伊藤博文です。

吉田松陰は伊藤博文を評して「周旋の才」があるといったそうです。「周旋」というのは根まわし、政治的な工作です。その後、伊藤博文は出世して初代の総理大臣になります。高杉決起のときも政治的直感で、彼について行けば時代は開けると思ったのでしょう。結果的にも、伊藤博文の政治的な勘は正しかったことになります。

そして、高杉は八十人ほどのわずかな手勢で藩の番所を襲いに行きました。

高杉晋作という人はとても宣伝がうまかったので、このときも小さな番所を襲ったことを大戦果のように宣伝しています。じっさいは大したことはないのに、なにかすごいことが起こっているように演出した。それが効いたのか、藩内の農民が次々と奇兵隊に集まってきました。そうした農民に支えられて藩内革命、すなわち藩内クーデターを決行することができたというのが事実です。ついでに申し上げておけば、功山寺には高杉晋作の騎馬像が建てられています。

ではなぜ、農民たちが高杉晋作を支持したのか。

階級闘争史観の持ち主である京都のある学者は——「農民の反封建闘争のエネルギーが高杉晋作という下級武士と結びついて封建制を倒す革命的エネルギーになったのだ。これは武士と農民との同盟である」という趣旨の理論をつくりました。でも、この理論はまったくの間違いです。

高杉晋作は下級武士ではなく中級武士です。

長州藩の毛利家というのは、元来は広島百十二万石（石高については諸説あり）だったのが関ヶ原の戦いを機に本州の端っこの防長二州に閉じ込められ、石高も三十六万石に減らされました。それによって、毛利家の場合、かなりの数の武士を「帰農」させざるをえませんでした。帰農というのは武士の身分を捨てて農民に戻ることです。しかし帰農しても彼らは「われこそは毛利家譜代の元は武士なり」という誇りをもっていました。ですから、「禁門の変」によって朝敵となり、三人の家老が切腹させられると、一気に危機感が募りました。毛利家は今度、北のほうに転封させられるかもしれない……という状況に見舞われたのです。そこで決起の先頭に立ったのが高杉晋作でした。

つまり、武士や農民（帰農した武士たち）が高杉晋作の陣営に馳せ参じたのは、封建制を倒すためではなく、毛利家に対する忠誠心からでした。

毛利家に対する忠誠心というのは、いわゆる封建的な道徳です。その意味でいえば、封建的な忠誠心が結果として明治維新の引き金となる行動に結びついたのです。したがって、明治維新をなしとげたのは武士階級のモラルであるということができます。自分たちの利益を捨てても、お国(この場合は毛利家)のために働くという使命感が明治維新を実現させたのです。農民といえども、前述した青木新左衛門のように自己犠牲を果たす人物がいましたし、武士のなかにもみずからの利益を否定することによって日本という国を生き延びさせようする人物がいたのです。

思想的にも技術的にも、その他の文化面でも経済面でも、明治維新は江戸時代の「成熟」があったからなしとげられたのであり、それゆえに日本の近代化も成功したのです。今日《こんにち》の私たちはその恩恵を受けていることを忘れてはなりません。歴史をわれわれの問題として考え、そしてそれを正しく解釈することはきわめて重要なことなのです。

第四講

明治国家はいかにして成立したのか

~近代の日本と世界／幕末から明治時代~

明治維新の終着点はいつか

明治国家がどのようにしてつくられていったのかに視点を当ててみたいと思います。明治国家は明治維新によって生まれた国家なので「明治国家」といわれます。もちろん明治国家体制がすぐに消滅したわけではなく、大正・昭和という時代にも引き継がれ、ある意味では戦後もその体制がベースになって存在しているといえなくもありません。この明治国家は日本が近代化に成功し、また日本人がみずからの手でつくり上げた国家であるというところに焦点を当てて解説していきます。

明治維新のはじまりは、はっきりしています。どの教科書、どの歴史書にも「一八五三年（嘉永六年）にペリーが浦賀沖に来航し、日本に開国を要求したときから明治維新の激動がはじまった」という意味のことが書かれています。ですから、明治維新の起点について争点となることはありません。

では、いつまでが「明治維新」という時期なのでしょうか。これに関してはいろいろな考え方が成り立ちますので、「明治維新の終着点はいつか」という問題を提出してみたいと思います。まず、選択肢を挙げてみましょう。

ひとつ目は、一八六八年。この年は明治元年で、明治新政府が成立しました。
二つ目は、一八七一年。これは明治四年で、廃藩置県が行われました。
三つ目は、一八八九年。これは明治二十二年で、大日本帝国憲法が発布された年です。
四つ目は、一九一一年。明治四十四年になりますが、この年に条約改正が行われています。

以上の四つの選択肢から、明治維新の終着点がいつなのかを考えてみましょう。起点はペリー来航の一八五三年ですから、ここから起算すると、明治新政府の成立は十五年後。廃藩置県は十八年後。大日本帝国憲法の発布は三十六年後で、条約改正は五十八年後ということになります。

じつは、この問題には絶対的な正答はありません。どれも正しいということができます。ちょっとがっかりした人もいるかもしれませんが、明治維新をある期間として考えると、これは伸縮自在なのです。

多くの教科書には――「明治維新とは、江戸幕府から明治政府に移り変わった政権交代である」と書かれています。だいたい、どの教科書もそうした捉え方で、それはそれで間違いとはいえません。しかし明治維新の課題とはなんだったのか、なにを明治維新は果たさなければならなかったのか、という問題を考えてみる必要があります。

条約改正に関する外務大臣・陸奥宗光の議会演説（1893年）

「条約改正の目的、否《いな》、日本外交の目的は、国として受けるべき権利は受け、国としてつくすべき義務を全うすることにあります。すなわち、日本帝国《ていこく》が、アジアの中にありながら、欧米《おうべい》各国から、他のアジアの国が受けられない特別の待遇《たいぐう》を受けようというのでありますから、それならば、日本国内でも他のアジアの国にはない政策、方針を行い、日本人民も他のアジアの国にはない特別な進取《しんしゅ》の気性《きしょう》を示さねばならないのであります。」（国会議事録より要約）

＊治外法権の撤廃と引きかえに、日本の内地を開放し、外国人の自由な活動を認めることの意義を協調したもの。

条約改正に尽力した陸奥宗光。（国立国会図書館所蔵）

一八七一年に行われた廃藩置県は、「藩を廃止して県を置きました」と解説している教科書が多くありますが、じつは、この廃藩置県は「武士を解雇（首切り）した」というところにいちばん重要なポイントがあります。

明治新政府の成立は政治の表層的な出来事です。しかし廃藩置県は社会そのもの、武士の存在そのものを非常に大きく変えました。ですから、明治維新の終着点を廃藩置県と考える人はわりに多いように思います。

一方、明治維新は日本が国家として欧米列強と対等になるために成立したとも考えられます。とすれば、私が考える明治維新の終着点は一九一一年の条約改正です。幕末に諸外国と結ばされた不平等条約によって日本は欧米列強の植民地になった……とまではいいませんが、主権の一部が著しく制約され、治外法権を認めさせられたうえ、関税自主権がないという重大な問題を抱えることになりました。ですから、明治時代の人びとの悲願はこの不平等条約を解消して欧米列強と対等な国になるところにあったのです。

半隷属状態にあった日本にとって、不平等条約の解消こそが悲願であり、その悲願を達成するために憲法をつくり、法律を整備することに腐心したわけです。この条約改正は段階的に進められました。先に治外法権が解消されます（一八九九年）。そして一九一一年に関税自主権がアメリカとのあいだで改正され、やっと悲願が達成できました。

明治は四十五年までありましたから、明治四十四年は明治という時代のギリギリの終わりです。いわば、日本は国家として欧米列強と対等な国になるという課題を達成するために明治時代を全部使ったと考えてもいいでしょう。

これから解説する明治国家に関しては、そのような時代だったと考えていただきたいと思います。

日本は二度、アメリカに降伏した？

一八五三年に、ペリーが開国と通商を迫るアメリカ大統領の国書を携えて来航しました。

ペリーは幕府にフィルモア大統領の開国・通商を求める国書を手渡しました。これだけを見ると、平和的に「国を開いてください」といったように受け取れます。ところが彼はこのメッセージを手渡すと同時に、じつは二本の白い旗を木箱に入れ、浦賀の代官所を通じて幕府に渡しているのです。それには手紙が添えられていて、以下のように記されていました。

日本に開国を迫ったマシュー・ペリー。アメリカ海軍を強化したことでも知られる。

――「かねてから欧米の国々が開国・通商を求めてきたのに日本国は拒否している。これは道理に合わないことである。どうしてもこの方針を続けるというのであれば懲罰のために一戦交える。戦争になれば、わが国は軍事的にかならず勝つであろう。そこで、戦争がはじまっていよいよ降参というときには、この白い旗を預けるからこれを掲げなさい。そうすれば戦闘を止めて交渉に入ってあげよう」

こういう主旨の手紙が添えられていたわけですから、ひと言でいうと、ペリーは戦争をしにきたのです。

アメリカのハイスクールのある教科書には、「近代において日本はわが国に二度降伏した」と書かれています。日本人は一九四五年（昭和二十年）の降伏は記憶に新しく、よく覚えておりますが、それ以外にアメリカと戦争をして降伏したことがあったかどうか……歴史を遡ってみてもありません。しかしアメリカ側からいわせると、ペリーは戦争を仕かけてでも日本を開国させるつもりだったのです。結果的には、幕府が開国を認めたので戦闘は起こりませんでした。戦争というものは、じっさいに戦う前に相手側に自分たちの要求を呑ませるのが理想です。そうした観点に立つと、アメリカ側から見た場合、ペリーが日本に開国の要求を呑ませたことは戦争に勝利したのと同じことだったのです。そこで、「日本は二回、わが国に降伏した」ということになるわけです。

ペリー来航という「挑戦」に日本はどう「応答」したか

イギリスの歴史家アーノルド・トインビーは『歴史の研究』（中央公論社「世界の名著」所収）のなかで、「挑戦と応答」というかたちで文明と文明のかかわり方を表現しました。ひとつの文明が質の違う他の文明に迫っていく。これが「挑戦」です。それに対してどのように反応するか、これが「応答」です。文明と文明との関係をダイナミックに描くひとつの枠組みといっていいでしょう。

それにならっていえば、ペリー来航は日本に対するヨーロッパ文明の「挑戦」でした。では、それに対して日本はどのように「応答」したのでしょうか。応答のカギになったのは「尊王」と「公儀《こうぎ》」という二つの政治的態度でした。

まず「公儀」である幕府の体制では、この危機に十分に対処できない。だから、天皇を中心にした国をつくらなければいけないという「尊王」が出てきました。武家政権は長く続きましたが、その武家政権よりも長いあいだ日本という国を根底で支えてきたのは皇室の存在であり、その皇室こそが日本の中軸でなければならないという考え方です。この思想はペリー来航以前から国学というかたちで存在し、さらに水戸学というかたちで体系化されてもいました。

つまりペリー来航というヨーロッパ文明からの「挑戦」に対しては、幕府の体制を否定して天皇を中心として国がまとまらなければならないという「応答」の仕方が大きな柱となっていったのです。

ペリーがやって来たとき、老中《ろうじゅう》・阿部正弘は頭を悩ませました。いちばん単純な対処方法（応答）はアメリカの要求を拒否して、武力で外国船を打ち払う攘夷でした。しかし、アメリカの圧倒的な軍事力の前に、それは不可能だと気づく。そこで幕府だけで方針を決めるのではなく、朝廷に報告したり、すべての大名の意見を聞いたりして対策を立てることにしました。いまの言葉を使うと、民主的な方法を考えついたわけです。

しかし、これは幕府の立場から総括すると、いい方法ではありませんでした。なぜなら、江戸時代、外交は幕府の専権事項とされていたからです。ほかの大名の意見など聞かずに、幕閣が自分たちだけの判断で決める権限をもっていたわけです。外国貿易も幕府が独占していましたし、貨幣の鋳造《ちゅうぞう》も幕府の専権事項でした。ですから、諸大名も外交に関しては口出しすることなど考えてもいませんでした。ところが老中・阿部正弘は国を挙げてこの未曽有《みぞう》の国難に対処しようと考えて、諸大名の意見を聴取したのです。「お台場の先に防護の細工をして外国の船がきたら捕まえればいい」等々、さまざまな案が出たようですが、これといった決定打はありませんでした。

こうした「応答」の仕方を目にした明治時代のジャーナリスト・福地源一郎（桜痴《おうち》）は『幕府衰亡論』（平凡社東洋文庫）という本のなかで、「阿部正弘が諸大名に意見を聞き、外交という独占権を諸大名に開放したことが幕府衰亡の大きな要因になった」という意味のことを書いています。なぜかといえば――先ほど述べた「公儀」という概念がヒントになります。公《おおやけ》の議論は公の利益のための議論です。この公というものが私事や私心や私益と対立するものであることはいうまでもありません。ですから江戸時代を通じて幕府は「大公儀」、藩は「公儀」と呼ばれていました。ところが「公」を独占していた徳川幕藩体制は、ペリー来航という外交問題が起こったとき、外交という専権事項を手放してしまった。そこで、徳川家はじつは「私」ではないのか……という議論が起こってしまったのです。いわば、パンドラの箱を開けてしまったわけです。そのため福地源一郎は「あれが幕府衰亡の大きな要因になった」と喝破《かっぱ》したのです。

維新を決定づけた「王政復古」

以下、具体的に明治維新の流れを復習しておきましょう。

まず、「公儀政体構想」というものが出てきます。公儀をどうやって実践するか。たとえば、朝廷の下で諸侯会議を開くという意見が出ました。これは徳川幕府を倒そうとした藩だけではなく、徳川幕府側にもそうした構想をもった武士たちがいました。そのなかで有名なのが坂本龍馬の「船中八策《せんちゅうはっさく》」です。一八六七年に、坂本龍馬が船のなかで口述筆記させたといわれる八項目の国家構想です。

どのような内容だったのか、ちょっとご紹介しておきます。坂本龍馬は土佐藩主の山内容堂《ようどう》に大政奉還《たいせいほうかん》を進言しますが、そのための考え方を説明し、きたるべき国家の骨格を示したのがこの「船中八策」でした。

一、天下ノ政権ヲ朝廷ニ奉還《ほうかん》セシメ、政令宜《よろ》シク朝廷ヨリ出《い》ヅベキ事。
一、上下議政局ヲ設ケ、議員ヲ置キテ万機《ばんき》ヲ参賛《さんさん》セシメ、万機《ばんき》宜《よろ》シク公議ニ決スベキ事。
一、有材ノ公卿《くぎょう》諸侯及ビ天下ノ人材ヲ顧問ニ備ヘ官爵ヲ賜《たま》ヒ、宜《よろ》シク従来有名無実ノ官ヲ除クベキ事。
一、外国ノ交際広ク公議ヲ採《と》リ、新《あら》ニ至当ノ規約ヲ立ツベキ事。
一、古来ノ律令ヲ折衷《せっちゅう》シ、新ニ無窮ノ大典ヲ撰定スベキ事。
一、海軍宜《よろ》シク拡張スベキ事。
一、御親兵《ごしんぺい》ヲ置キ、帝都ヲ守衛セシムベキ事。
一、金銀物貨宜《よろ》シク外国ト平均ノ法ヲ設クベキ事。

原文だけではわかりにくいので、それぞれ、内容の要約を申し上げます。
①大政奉還をし、政令は朝廷から出すようにする。
②議会を開設して、その議員たちが議論したうえで、いろいろな決定をする。
③有能な人材を取り立てるとともに、これまであった不要の官位は廃止する。

④簡単にいえば、不平等条約は廃止すること。
⑤憲法を制定する。
⑥海軍の軍備拡張。
⑦天皇および御所を守る近衛兵を新設する。
⑧金銀の交換レートを変えること。

金銀の交換レートに対する知識がなかったために、日本は莫大な富を流失させてしまいました。龍馬はそのことをよく知っていましたので、レートを変更するべきであると書いたのです。それが、「金銀物貨宜シク外国ト平均ノ法ヲ設クベキ事」という一項です。

これが「船中八策」の国家構想でした。

こうした流れを受けて、公儀のための政道がだんだん世論になっていきます。そして大政奉還が行われます。

「大政奉還」はどういう考えに基づいているかというと、もともと武士は朝廷から職務を任命された存在だという思想です。たとえば、征夷大将軍は律令の外に新たにつくられた官職で、それは朝廷が武士に任命したものであると考えるわけです。その命《めい》を受けて、鎌倉なら源氏が、室町なら足利家が幕府を開くかたちになった。ですから、元をたどれば幕府の権限・権力は朝廷のお墨付きによって裏づけられていると考える。したがって、その

第15代将軍徳川慶喜が二条城で行った大政奉還の様子。
（邨田丹陵画「大政奉還」聖徳記念絵画館所蔵）

政治の権限・体制を朝廷にお返しするというのが大政奉還の基本的な思想です。

企業などでも、雇われ経営者が創業家の息子などにトップの役職を譲ることがありますが、いまでもそれを「大政奉還」と呼んでいます。

東京都知事時代の石原慎太郎さんは教科書問題に取り組んでくださいましたので、私は教科書のどこに問題があるか、石原さんのところに採択の問題を説明しに行ったことがあります。採択の最大のがんは、「教科書を採択する権限は教育委員会にある」と法律で決まっているにもかかわらず、当の教育委員は教科書も読まずに、学校の先生が選定した教科書にそのまま判を押すという現行システムにあります。声の大きい日教組の先生が社会科教科書の選定をすべて牛耳《ぎゅうじ》っているのが実状でした。東京二十三区の教科書はみな、日教組系の教員の投票で決められていたのです。ですから、二十三区全部が真っ赤っ赤の教科書になってしまった。そこで私は、採択制度を本来の姿に戻すことを進言しました。すると一気に三か所ぐらい減り、最悪の教科書の採択はガクッと減って、ついになくなりました。あのとき、教科書採択の権限を教育委員会に戻すことは「大政奉還」と同じことだなと感じました。もともと採択する権限は教育委員会にあるわけですから、本来の姿に戻すのが「大政奉還」である、と。

幕府が任せられていた政治の権限をお返しする。これが大政奉還です。では、政治の権限をお返しすると幕府の権限はまったくなくなってしまって、そのあとは朝廷中心の政治が行われると幕府が想定していたかというと、そんなことはまったくありませんでした。じつは、大政奉還は徳川家にとって有利な方針だと考えていた節《ふし》があるのです。なぜかといえば、大政奉還をしても朝廷には政治を進めていくノウハウがないだろうと考えていたからです。

朝廷のもとに藩主が集まって列侯会議をしたとしても、結局のところは徳川家が議長となるだろうから、徳川家の意向で全体を取り仕切ることができるはずだ。徳川慶喜《とくがわよしのぶ》はじめ、山内容堂などもそう考えていたようです。ですから大政奉還というのは、じつは徳川幕府側の事態乗り切り策として出てきたものなのです。

ところが、徳川家のその読みは結果的にうまくいきませんでした。

一八六八年一月三日、明治天皇の名により「天皇親政」が宣言されたからです。これは「王政復古《おうせいふっこ》の大号令」とも呼ばれています。

王政復古はよくクーデターといわれますが、王政復古の大号令を出すのを仕組んだのは徳川幕府を倒す側の勢力です。「王政復古の大号令」によって徳川家を徹底的に政権から排除して領地を没収し、消滅させるという、ものすごい内容をふくんだ倒幕派側の方針でした。大政奉還だけに留めておくと、それまでの幕藩体制がずるずると続いたのではないかと思いますが、この王政復古の大号令によって明治維新の大綱は大転換することになりました。

そしてこの後、戊辰戦争《ぼしんせんそう》というかたちで内戦がはじまります。内戦といっても大した規模ではありませんでしたが、それでも地方の諸藩が抵抗してさまざま悲劇を生みました。

明治維新は断じて革命ではない

維新というのは中国の古典「詩経《しきょう》」に出てくる言葉だそうです。「維《こ》れ新《あらた》なり」という意味です。「詩経」には一か所にしか出てこないようですが、藤田東湖《ふじたとうこ》という儒者が見つけて、この「維新」という言葉を使ったという記録があります。「維《こ》れ新《あらた》なり」とは神武創業、すなわち神武天皇の時代に帰ることですから、大昔に戻るという話です。

明治維新を英訳すると、“Meiji Restoration”となります。「リストア」ですから、古い体制を修復する。つまり日本のもともとの形、原型に戻すことによって国のあり方を正しいものにする。これが維新の考え方です。

したがって、「維新」と「革命」とは違います。

革命という言葉には古い体制を全部排除して新しい体制をつくるというイメージがあります。「革命」という言葉はもともと中国の言葉で、天命《てんめい》が革《あらた》まるという意味です。たとえば朱元璋《しゅげんしょう》という人が明《みん》の国をつくり、皇帝に就きます。その明が倒され、清朝になると皇帝は愛新覚羅《あいしんかくら》に完全に入れ替わってしまいます。このように古い国自体が消滅して新しい国に取って代わられるのが「革命」です。

それに対して「維新」は、国そのものは継続している。しかも昔に帰ることによって、じつは新しく生まれ変わるのだという思想です。坂本龍馬が姉にあてて書いた手紙のなかに、「日本を今一度せんたくいたし申候《そうろう》」という一行があります。この「日本をせんたく（洗濯）する」というのも維新の考え方です。古いものを全部捨てるのではなくて、古い体質を洗い落としてもう一度仕立て直して甦らせる――そういったイメージが明治維新にはあるのです。

さて、王政復古の次に出てくるのが「五箇条の御誓文《ごせいもん》」（一八六八年三月）です。これは重要なものですから、『新しい歴史教科書』には全文載せております。

歴史上の文書ですから正確に記しておくべきなのに、他社の教科書には「御」の字を削除して「五箇条の誓文」などと書かれていることがあります。きちんと「五箇条の御誓文」と書いてもらいたいものだと思います。

では、五箇条の御誓文を記しておきましょう。

一、広ク会議ヲ興《おこ》シ、万機公論《ばんきこうろん》ニ決スヘシ
一、上下《しょうか》心ヲ一《いつ》ニシテ、盛《さかん》ニ経綸《けいりん》ヲ行フヘシ

一、官武一途庶民《かんぶいっとしょみん》ニ至ルマデ各其志《おのおのそのこころざし》ヲ遂《と》ケ、人心ヲシテ倦《う》マサラシメン事ヲ要ス
一、旧来ノ陋習《ろうしゅう》ヲ破リ、天地ノ公道ニ基クヘシ
一、知識ヲ世界ニ求メ、大ニ皇基《こうき》ヲ振起《しんき》スヘシ

①まず会議を開き、公正な議論を尽くして決めていこうと定めています。先に触れた坂本龍馬の「船中八策」にも「万機宜《よろ》シク公議ニ決スベキ事」と、似たような言葉が入っていました。
②そして身分の上下を問わず、心をひとつにして積極的に国家の運営に携わりましょうと書かれています。
③文官、武官はいうまでもなく、一般の国民のそれぞれがその志をとげ、その職責を果たし、そして人びとが希望をなくすことがないようにすることが必要だ、としています。
④それから古い悪習を破り、普遍的な道理に基づいて行動しよう。
⑤知識を世界に求め、皇室をたいせつにして国を発展させようと呼びかけています。
そして、この五箇条の御誓文にある「広ク会議ヲ興シ、万機公論ニ決スヘシ」という第一項目が明治憲法、すなわち大日本帝国憲法の制定につながっていくのです。

「人間宣言」よりはるかに重要な「五箇条の御誓文」

「五箇条の御誓文」が日本の近代国家としての国づくりのスタート・ラインであったことを改めて想起させてくださったのは、一九八九年に崩御された昭和天皇でした。

一九七七年八月二十三日、昭和天皇は記者会見で終戦直後のいわゆる「人間宣言」にお触れになりました。この「人間宣言」というのはご承知のように、一九四六年（昭和二十一年）の元日、昭和天皇が年頭の詔書《しょうしょ》のなかで触れられたお言葉です。

朕《ちん》ト爾等《なんじら》国民トノ間ノ紐帯《ちゅうたい》ハ、終始《しゅうし》相互ノ信頼ト敬愛トニ依《よ》リテ結バレ、単ナル神話ト伝説トニ依《よ》リテ生ゼルモノニ非《あら》ズ。天皇ヲ以テ現御神《あきつみかみ》トシ、且《かつ》日本国民ヲ以テ他ノ民族ニ優越セル民族ニシテ、延《ひい》テ世界ヲ支配スベキ運命ヲ有ストノ架空ナル観念ニ基クモノニモ非《あら》ズ。

――天皇と国民とのつながりは相互の信頼と敬愛によるもので、神話と伝説から生じるものではない。天皇を現人神《あらひとがみ》とし、日本国民は世界を支配すべき民族だとするのは誤りである、というのがその趣旨でした。

昭和二十一年というのはアメリカの占領がはじまった時期ですから、この「人間宣言」はおそらくアメリカ、すなわちGHQにいわされたのだと思います。「天皇は現人神《あらひとがみ》なり」という戦前の日本の言い方を耳にした欧米人は「現人神」＝「ゴッド」と置き替え、「ゴッド（神）」はキリスト教の神以外に存在してはいけないので「天皇はゴッドではない」といわせたのだと思います。また、「天皇＝現人神」という見方が日本の軍国主義の基にあるから、それを叩き潰そうとしたのだろうとも考えられます。

しかしながら昭和天皇はあの七七年の記者会見で——昭和二十一年の詔書で強調したかったことは、じつは「人間宣言」ではなく、「五箇条の御誓文」であったとおっしゃったのです。

七七年当時のご発言を振り返ってみましょう。（ ）は私の注記です。


あの時の詔書の一番の目的は「五箇条の御誓文」なんです。神格とかそういうこと（いわゆる「人間宣言」）は二の問題であった。それ（五箇条の御誓文）を述べるということは、あの当時（終戦直後）においては、どうしても米国その他諸外国の勢力が強いので、それに日本の国民が圧倒されるという心配が強かったから、民主主義を採用したのは、明治大帝の思召《おぼしめ》しである。しかも神に誓われた。そうして、五箇条の御誓文を発して、それがもととなって明治憲法ができたんで、民主主義というものは決して輸入のものではないということを示す必要が大いにあったと思います。

それで、特に初めの案では、五箇条の御誓文は日本人としては誰でも知っていると思っていることですから、あんなに詳しく書く必要はないと思っていたのですが、幣《しで》原《はら》（当時の幣原喜重郎首相）が、これをマッカーサー司令官に示したら、こういう立派なことをなさったのは感心すべきものであると非常に賞賛されて、そういうことなら全文を発表してほしい、というマッカーサー司令官の強い希望があったので、全文を掲げて、国民及び外国に示すことにしたのであります。（中略）

日本の国民が日本の誇りを忘れないように、ああいう立派な明治大帝のお考えがあったということを示すために、あれを発表することを私は希望したのです。

しかし一九七七年の時点で、なぜ昭和天皇は昭和二十一年の詔書についてご発言されたのでしょう？

これは私の推測ですが、一九七〇年、作家の三島由紀夫が自決をしています。その三島は小説『英霊の聲《こえ》』のなかで「などてすめろぎは人間《ひと》となりたまひし」と書いています。

昭和天皇はそのことをたぶんお気に留められていて、いわばそれに対する返答ではありませんが、「人間宣言」といわれている詔書のほんとうの意味を解説なさったのではないかと思います。ほんとうのところはわかりませんが、そうした推測も成り立つのではないでしょうか。

つまり、あの「人間宣言」といわれている昭和二十一年の詔書でほんとうにおっしゃりたかったことは、明治の最初に民主主義を打ち出し、そして明治憲法を生むことになった明治大帝の「五箇条の御誓文」の重要性だったのです。

自由民権運動は日本人に「わが国」意識を植え付けた

一八七二年（明治五年）、憲法について旧米沢藩士の宮島誠一郎という人が、憲法制定および議会開設の建白書である「立国憲議」を政府に提出したのが明治憲法の礎《いしずえ》になっています。

もっとも、明治憲法のスタート・ラインをどこに置くかというと、一八七四年に提出された民撰議院設立建白書に置くのがふつうです。民撰議院（国会）の設立を求め、板垣退《いたがきたい》助《すけ》や後藤象二郎《しょうじろう》らが出した建白書です。前年に「征韓論」をめぐって政府部内に激しい対立が起こり、その論争に敗れた前参議の板垣退助らがこの建白書を提出したわけです。

しかし、じっさいのことをいえば、時期的にも内容的にも「五箇条の御誓文」（一八六八年）が明治憲法のスタート・ライン。次に宮島誠一郎の「立国憲議」（一八七二年）がきて、七四年の「民撰議院設立建白書」は三番目ということになります。

この「民撰議院設立建白書」は新聞にも掲載され、知識階級のあいだでも大きな反響を呼びました。その意味では、自由民権運動のひとつの出発点にもなっていることも事実です。

自由民権運動は明治政府に対する反体制運動であるという見方がずっと有力でした。反体制運動というこ

民撰議院設立建白書

今日、政権の中心がどこにあるかを考えてみると、上の天皇にあるのでもなく、下の人民にあるのでもなく、有司（一部の役人）のもとにある。彼らは天皇を尊び人民を大切にすると口では言うが、実際には多くの法令を出し、絶えず変更している。……これでは国家は崩壊してしまう。これを救う唯一の道は、言論を張り、民撰議院（国会）を設立することである。　（板垣退助『自由党史』より）

自由民権運動を主導した板垣退助。岐阜で暴漢に襲われた事件から「板垣死すとも自由は死なず」という言葉が生まれた。（国立国会図書館所蔵）

とはつまり、原理的に政府に対立する革命思想ということになります。そういうふうに自由民権運動を位置づけて持ち上げる勢力があったことはたしかです。その理論的な根拠は、明治新政府が天皇制絶対主義の政権であることでした。

マルクス主義の学者たちは、ヨーロッパの歴史のカテゴリーを日本の歴史に当てはめ、明治維新によって成立した制度はブルジョア革命を経ていないから絶対主義であるとしてきました。天皇を中心とする政権だから、フランスでいえば、革命の対象となったブルボン王朝のアンシャン・レジーム（旧体制）と同じだとしてきたのです。つまり、「絶対主義」といわれた時代の政権と同じであり、すなわち明治期は封建社会であると位置づけたわけです。

明治維新とは封建社会の最後の段階であり、天皇が専制的な権力をふるう抑圧的な社会であり、それに対して革命的な闘争を仕かけたのが自由民権運動であるとしました。いいかえれば、自由民権運動と明治政府のあいだの闘いは階級闘争であると規定したわけです。

私は東京大学の教育学部に属していましたので、そうした動きを身近に知っておりました。教育学者たちの有力なグループは自由民権運動を反体制思想と位置づけ、戦後の社会党や共産党を中心とした反体制運動と同じように捉えていました。そういう枠組のもと、自由民権運動における教育思想を研究しようと、プロジェクト・チームまで組んで研究をはじめましたが、それは結局、挫折しました。

なぜ挫折したかというと――自由民権派の憲法草案はすべて、天皇を中心として国をまとめるという構想に立脚していたからです。これではとうてい反体制思想、階級闘争になりません。そのため中途で挫折してしまったわけです。

じっさい自由民権派の思想を調べていくと、マルクス主義の理論に基づく教育学者たちの期待に反して、めざすところは明治政府とまったく同じでした。たしかに、やり方やスピードや手段は多少違いましたが、根本的には政府の姿勢と変わらなかったのです。つまり自由民権運動は反体制運動でもなんでもなく、政府の尻を叩いて早く憲法をつくらせるための運動だったのです。げんに、明治政府が「いついつまでに憲法を制定します」と宣言したら、そのとたんに自由民権運動はパタッと下火になりました。

それだけではありません。

牧原憲夫という歴史学者が『客分と国民のあいだ』（吉川弘文館）というおもしろいタイトルの本を出しています。そこにはこんな一節があります。

身分制の解体、平等な国民の創出なしに、近代国家は確立しえないのである。

ただし、ここにいう「国民」は、たんに制度的な平等が実現すればおのずと生まれるようなものではない。国家への帰属意識、「わが国」意識が必要なのだ。ナショナル・アイデンティティ（国民意識、わが国意識）を近代国家の核心とみなすこうした視座は、近年ひろく論じられるようになった「近代国民国家」論と共通する。

近代国家になるためには、憲法や公的諸制度が整備されるだけではなく、国民のあいだに「自分は日本国民である」という意識が生まれなければならないという指摘です。ところが江戸時代には身分制度がありましたので、政治にかかわるのは武士であって、町人や百姓には「政治なんて関係ないや」という意識がありました。そうした町人、百姓が「政治」を意識するようになる大きなきっかけがじつは自由民権運動だったのです。

自由民権運動は、最初は不平士族や明治政府から排除された人たちが担い手になっていました。その後の税制改革によって非常に豊かになった農民層が出現します。それらの農民層は各地方の名望家であり、よく勉強もしていました。歴史学者は彼らを「豪農」といったり「富豪」といったり、いろいろに表現しておりますが、要するに地方にあって経済的に豊かになり国政にも国家にも関心をもった人たちです。

当時は、ジャン＝ジャック・ルソーの『社会契約論』が中江兆民の手で『民約論』などというタイトルで紹介されたり、ヨーロッパの文献も翻訳されたりしていましたから、地方の豪農たちもさまざまな本を読み、自由民権運動の担い手となって学習会や読書会を開き、自分たちの手で憲法の草案をつくる運動も活発になりました。「私擬憲法」といって、個人がつくった私案、グループでつくった私案は全国で二千種類にものぼるといわれています。ものすごいエネルギーだったというべきです。日本という国をどうやってつくるべきかと自分の頭で考え、国家構想に関与していく意識が民衆のあいだに広まったのです。

そこで注目すべきは、そうした「私擬憲法」に例外なく共通していたのは「天皇を中心とした国づくり」という観念でした。そこから日本国民の愛国心と政治的エネルギーが引き出されたのです。

牧原憲夫氏の本を読むと――この人はどちらかというと左翼的ですが――彼の研究の結果として明らかになったのは、じつは自由民権運動は反体制運動ではなく、政治に関心をもち、政治に対して発言する国民を形成する一大政治学習運動であったという事実です。

明治という時代を考えるとき、この位置づけから見るのがいちばんぴったりするのではないかと私は思います。

憲法制定、国会開設に向かって動き出す

一八七六年（明治九年）、明治天皇から元老院に対して「世界各国の憲法を参考にしながら、日本の国体に基づく憲法素案を起草せよ」という勅命が出されました。この年の元老院議長は有栖川宮熾仁親王《ありすがわのみやたるひと》でした。

そこで、いろいろな案が政府側から出てきます。そのなかで岩倉具視《いわくらともみ》や元田永孚《もとだながさね》たちが唱えたのは国体論に基づく憲法草案でした。国体論というのは日本の国柄《くにがら》を基にした憲法論議です。

アマテラスオオミカミが天岩戸にお隠れになったとき、神々が天《あめ》の安河原《やすのかわら》に集まって相談したことは本書の第一講でお話ししましたが、これがわが国における議会のはじまりといわれています。日本の話し合い文化はなにも近代にはじまったことではなく、神話の時代から神々はずっと話し合いをしていたのです。したがって、日本の政治というのはけっして独裁的な権力を行使するものではありません。高天原のアマテラスも独裁者ではなく、いつも神々の意見を聞いて、それに従って行動していたわけです。そうした日本の国柄に立脚した憲法論がひとつの潮流として出てきたのです。

ただし憲法には、①対内的な国家的まとまりという側面と、②外国に対して「日本はこういう国です」と宣言するという両面があります。後者を考えに入れたとき、神話をもとにした国体的な憲法では信頼性に疑問が寄せられる可能性があります。

そうした流れのなかに登場するのが大隈重信《おおくましげのぶ》です。のちの早稲田大学の創立者として知られている彼は、北海道開拓使官有物の払下げ事件のため、一八八一年に参議を免官になっています（明治十四年の政変）。これは伊藤博文一派が政府から大隈を排除した一種のクーデターでしたが、憲法についての考え方の相違も大きな争点としてありました。

すると翌年、大隈は同志を募って立憲改進党を結成して、憲法制定に意欲を燃やします。

早稲田大学の創設者としても知られる大隈重信。政敵である伊藤博文と権力闘争を繰り広げた。（国立国会図書館所蔵）

この立憲改進党には尾崎行雄、犬養毅《いぬかいつよし》、矢野《やの》龍渓《りゅうけい》らが参加しています。

大隈重信という人はちょっとエキセントリックなところのある人物で、彼は「憲法の早期制定」を主張したり、「イギリス流の議院内閣制」を提言したり、当時としてはかなり破天荒な議論をはじめました。そのため伊藤らの政府筋は、大隈は在野の一部勢力と結びついて陰謀を働いているのではないか……という疑惑をもつようになります。

そこに登場するのが井上毅《いのうえこわし》です。「毅」と書いて「こわし」と読みます。

当時の政府の中心は公家出身の政治家である岩倉具視でした。その岩倉のふところ刀といわれたのが井上毅です。彼は「大隈意見書」に反対する意見書をまとめます。

――大隈が「イギリスの議会制度に学ぶ」といっても、イギリスには二大政党が存在しているので国の運営も安定しますが、日本ではこの時点でまだ政党すら存在していないのです。そんなとき、日本でもしイギリス型の議院内閣制を採用したら、小党が分裂して熾《し》烈《れつ》な争いになり、お互いに足を引っ張り合うかたちになることは目に見えていました。そこで井上毅は「日本の議会はイギリスではなくてプロシア（ドイツ）をモデルにすべきだ」と主張しました。政府は井上の意見を採用して、これがその後、憲法制定の基本路線になっていきます。

明治政府は急進的な憲法は危険性があると考え、かならずしも日本の国情に合うものではないと判断したことになります。いいかえれば、国会主導の国家体制は採択しませんでした。同時に、急進派の大隈の排除に成功したからといって、憲法制定をずっと先延ばしするわけにもいきません。そこで、「十年後の国会を開設」を国民に約束しました。

天皇の名のもとに、「十年後の明治二十四年には国会を開設する」と約束したわけですから、この日程はもう変えられません。この時点で国会開設の日程がセットされました。同時に憲法の制定や政党結成の動きが急テンポで激しくなります。

国会期成同盟を母体にして生まれた最初の政党が板垣退助を党首とする自由党で、政府から排除された大隈重信がつくったのが前述した立憲改進党です。もっとも、両党とも皇室中心主義の原則は外しておりません。急進的な立憲改進党も「皇室の繁栄を保ち、人民の幸福をまっとうすること」を綱領に謳《うた》っていました。

こうして政党が結成されると、政府の側でも憲法制定を急ぐことになります。そのための調査役を任じられたのが伊藤博文でした。

憲法制定に当たっての伊藤博文、井上毅の奮起一番

司馬遼太郎氏は「明治維新を推進した世代は三つ存在する」という意味の指摘をしていて、私も「なるほど」と思います。

明治維新の「第一世代」は、幕末から維新期の変革を見ることもなく、また徳川幕府から明治新政府への政権交代を見ることなく、たいていは凶刃《きょうじん》に倒れて亡くなった人たちです。獄死した人もいます。吉田松陰、佐久間象山《さくましょうざん》、坂本龍馬、高杉晋作といった人たちが

この範疇《はんちゅう》に属します。こういった人たちが第一世代で、使命を次の第二世代にバトンタッチします。

「第二世代」は、西郷隆盛、大久保利通《おおくぼとしみち》、木戸孝允《きどたかよし》――「維新の三傑」と呼ばれる人たちを中心にしたグループです。彼らも明治十年前後までに亡くなったり、自決したり、暗殺されたりしています。

この第二世代が去った後に主役として登場する伊藤博文、岩倉具視、大隈重信らが「第三世代」ということになります。率直にいって第三世代は、第一世代や第二世代の人たちよりも人格、識見、能力においてやや劣る気がしないでもありません。それゆえ、いま論じている時期に第一世代、第二世代の人たちがもし生きていたら、憲法制定や国会開設ももう少しスムーズにいったのではないかという人もいます。

第三世代のなかでは伊藤博文がズバ抜けて政治的な才覚があり、能力も高かったようです。すでに触れたように、プロシア（ドイツ）の憲法をモデルにするという国家的な方針が決まっていましたから、憲法調査を任せられた伊藤博文は明治十五年から十六年にかけてドイツに出かけます。彼は英語は話すことができましたが、ドイツ語はできませんでした。しかし天皇陛下の命じられた憲法起草の責任者ですから、ヨーロッパに渡って視察する必要がありました。そこで、彼はまずグナイストという学者と会っています。このとき、グナイストは非常に大事なことを二つ挙げています。

①グナイストは、「憲法というものはその国の歴史や沿革を踏まえてつくるものである」と教えています。また、「法とは民族精神の発露なのだから、その民族精神がどういうものかを踏まえ、それぞれの国の民族精神にふさわしいかたちでつくらなければならない」というアドバイスもしています。

歴史法学という分野があります。歴史上のさまざまな伝統と法との関係を研究する学問で、その歴史法学の観点に立って憲法をつくる必要があるといったわけです。

つまり天皇と国民の関係はどうだったのか、風俗・人情・歴史はどういう特質をもっているのか——そういうことをよく吟味して憲法をつくらなければならないという教えです。これはたいへんに重要な助言であったというべきでしょう。

②グナイストは次に、驚くべき主張をしています。行政権優位の主張というべきでしょうが、「国会を開設しても、国会にむやみに権限を与えてはいけない」といいま

初代・第5・7・10代首相や初代枢密院・貴族院議長など数々の重職を務めた伊藤博文。1909年（明治42年）、ハルビンで安重根によって暗殺された。（国立国会図書館所蔵）

した。プロシアでは議会に予算承認権を与えたために軍事予算が通らなかったことがあったからだと思われます。鉄血宰相といわれて、独裁的な権力を振るったあのビスマルクでさえ、議会に軍事予算を提出したら否決されるという理由で五年間、予算を議会に提出しなかったことがあるのです。そして一八七〇年から七一年にかけての普仏戦争（プロシアとフランスの戦争）のとき、ビスマルクは議会を無視して軍備増強の予算をつけています。その結果、フランスに勝利することができ、ドイツ帝国隆盛の基礎を築きました。そうしたじっさいを見ていましたから、グナイストは行政権優位のアドバイスをしたのでしょう。もっとも、グナイストの意見をそのまま取り入れて憲法をつくるわけにもいかないので、伊藤博文もかなり悩んだようですが。

次に伊藤は、その三か月後にオーストリアのシュタインという学者を訪ねています。シュタインは自宅で二か月間ほど、伊藤博文にレクチャーしています。しかも、ありがたいことにシュタイン氏は英語が話せましたので、伊藤は英語でアドバイスを受けることができました。

このシュタインによると、「ヨーロッパの憲法学の流れは、イギリス型からドイツ型に変わりつつある」ということでした。彼は細かい憲法の条文を教えるより、憲法とはなんたるものか、国家組織とはなんたるものか、といった大局的なことを諄々《じゅんじゅん》と説いたと伝えられています。

こうした助言を受けた伊藤博文は、岩倉具視に「心ひそかに死処《ししょ》を得《う》るの心地《ここち》なり」と書いた手紙を出しました。これは有名な言葉で、「死処を得るの心地」というのは、これで自分の役目がやっと果たせそうだ、といった意味です。伊藤博文はほんとうに不安だったのでしょう。グナイストやシュタインの話にすべて納得したわけではないでしょうが、彼らの意見を参考にして理論武装をすれば、帰国しても民権派と論争ができる。政府の方針を待たずに、まずは起草しなければいけませんから、その大役をようやく果たせる、という思いで帰国の途に着きました。

一方、岩倉具視は伊藤博文の帰りをいまかいまかと待ちながら最後の力を振り絞って生き抜こうとしましたが、力およばず亡くなってしまいます。伊藤博文が横浜港に着いたのは、岩倉具視の死の二週間後のことでした。

伊藤はいよいよ憲法の起草に取りかかります。その憲法案の原形をつくったのが、今度は伊藤博文のふところ刀となった井上毅でした。

当時の憲法論としては、①神話に基づく国体論と、もう一方には②君民共治論がありました。大隈重信や福沢諭吉らは君民共治論の支持者で、これは「君主と国民がともに力を合わせて政治を行う」という意味でした。

熊本藩出身の政治家、井上毅。伊藤博文とともに大日本帝国憲法、教育勅語、軍人勅諭を起草した。（国立国会図書館所蔵）

井上毅は後者の考え方は国体上危ういと考えていましたので、なんとかして日本の国柄に合う憲法の根本精神を見つけなければいけないと、猛烈な勉強をはじめます。『古事記』『日本書紀』をはじめ、重要な歴史上の文献を調べ、日本の国体とはなにか、国体の本質はなんであるか——ということを寝ても覚めても考え続けました。

あまりに机にかじりついている井上を案じて、友人が旅行に連れ出しますが、そのあいだもカバンから本を取り出して、いつも見ている。「神話の国譲りの話の含意はどのようなものだったのか、資料がないとわからない」といって、旅の途中であったにもかかわらず東京に帰ってしまうこともあったそうです。

「シラス」と「ウシハク」

日本国家の命運を担って研究に没頭していた井上毅はあることに着目します。それは、

『古事記』における「シラス」と「ウシハク」の区別でした。

国譲りの話は第一講で触れましたが、アマテラスが遣わした三回目の使者・タケミカズチノカミは出雲の稲佐《いなさ》の浜に着いたとき――「汝（オオクニヌシ・藤岡注）がウシハケルこの葦原中国《あしはらのなかくに》は、本来アマテラスオオミカミがシラスところの国である。この国を譲るように」といっています。

ご覧のように同じ「葦原中国」に関して、オオクニヌシの場合は「ウシハク」という字を使い、アマテラスの場合には「シラス」という言葉を使っています。「シラス」と「ウシハク」という言葉はどちらも英語に訳すと“govern”、つまり「統治する」という意味になります。では、これにはいったいどういう違いがあるのかと疑問に思った井上毅は研究に没頭します。

すると『古事記』や『日本書紀』では、アマテラスや天皇の「統治」に関する場合は一貫して「シラス」という言葉を使い、オオクニヌシやその他の皇族の「統治」に関する場合は「ウシハク」と書き分けてあることに気づいたのです。

さらに考察を続けていくと、「ウシハク」が力を背景にした統治を意味しているのに対して、「シラス」の場合はそうではなく、統治する対象である民の心によく耳を傾けて国を治める、といった意味があることに気づきます。民の心に耳を傾けて現状をよく知り、民の幸せを祈り、民の心を自分の心として国民の幸せを願う。それが「シラス」の意味なのです。ですから、「シラス」という言葉には、豪族が領地を支配して治めるといったような意味はまったくありません。

ここにこそ、日本の国体の理念があることを井上毅は発見したのです。

二〇一一年の東日本大震災のとき、天皇陛下、皇后陛下は被災地を訪れ、親しく被災者にねぎらいの言葉をおかけになりました。被災者の苦しみを分かち合い、そして励ます天皇・皇后両陛下のお心や行動は、力でなにかを解決するのではなく、民の心を自分の心として安寧《あんねい》を願い、祈るお姿でした。そのことによって被災者である国民も「国家は自分たちを見捨ててはいない。自分たちを助けようとしているんだ」ということを感じたはずです。両陛下のお姿に鼓舞《こぶ》されて明日への希望を抱いたに違いありません。

あのとき天皇陛下は、ビデオを通じて国民にメッセージを伝えられました。

　自衛隊、警察、消防、海上保安庁を始めとする国や地方自治体の人々、諸外国から救援のために来日した人々、国内の様々な救援組織に属する人々が、余震の続く危険な状況の中で、日夜救援活動を進めている努力に感謝し、その労を深くねぎらいたく思います。（中略）

海外においては、この深い悲しみの中で、日本人が、取り乱すことなく助け合い、秩序ある対応を示していることに触れた論調も多いと聞いています。これからも皆が相携え、いたわり合って、この不幸な時期を乗り越えることを衷心《ちゅうしん》より願っています。

ここにあるように、天皇陛下は「自衛隊、警察、消防、海上保安庁を始めとする国や地方自治体の人々……」とおっしゃられました。「自衛隊」からはじまるこの順番はとても大事です。あのとき私は、陛下のあのお言葉で自衛隊は完全に日本の安全を担う存在として公認されたと思いました。

さらにいえば、天皇のこうしたお姿が「シラス」ということになります。

さて、明治天皇は新しくつくられる憲法を審議する場に、ただの一回も欠かさず出席されています。すべてに耳を傾け、一字一句聞き洩《も》らすことなく、憲法草案の説明を聞かれました。しかもご自分の意見はおっしゃらず、憲法がどのような精神にのっとってつくられるかについて、非常に熱心に学習されました。そうした明治天皇の姿も「シラス」という言葉がもつ日本独特の統治のあり方であることを井上毅は発見したのです。

明治憲法の根幹「君徳」

イギリスの貴族というのはだいたいが土着の有力豪族で、その上に王家が覆いかぶさるようにして、スチュアート、ハノーヴァー、ウィンザーといった王朝ができています。その国王が勝手に税金をかけたり、法律をつくったりするのを牽制するために貴族が集まって議会を開き、国王の権限をセーブしたのがイギリス憲法のはじまりでした。こうした仕組みはあくまでも力のバランスや契約関係に基づいています。ですから、イギリス憲法の原点にあるのは契約思想なのです。

日本の皇室と国民との関係は契約関係ではありません。天皇の「徳」に基づいた民と天皇との一体感、君臣関係です。ですから日本の場合、出発点にあるのは「君徳」です。井上毅も「君徳なくして国家は成り立たない」と考えました。

したがって井上毅が起草した憲法の第一条——大日本帝国憲法の第一条は、万世一系の天皇が日本を「シラス」と書いてあります。大日本帝国憲法の骨となる最初の第一条と第三条を挙げておきましょう。

第一条　大日本帝国は万世一系《ばんせいいっけい》の天皇これを統治す
第三条　天皇は神聖にして侵すべからず

第一条は「シラス」と書くべきところを「統治す」と書いています。これは、審議の過程で「シラス」では英語に訳すことができないという意見が出たためです。憲法のもつ対外的な側面を総合的に判断すると、「シラス」という言葉で表現するのはむずかしい。正確ではないかもしれませんが、外国人にもわかるように「統治」と書いたのです。これが伊藤博文らの政治的判断でした。

ですから、実際に草案を書いた井上毅はこの第一条の解説に、まさに「シラス」と書いています。

大日本帝国憲法の第一条を読むとき、私たちはそうした背景を知ったうえで解釈する必要があるのです。

それから第三条に関しては、か

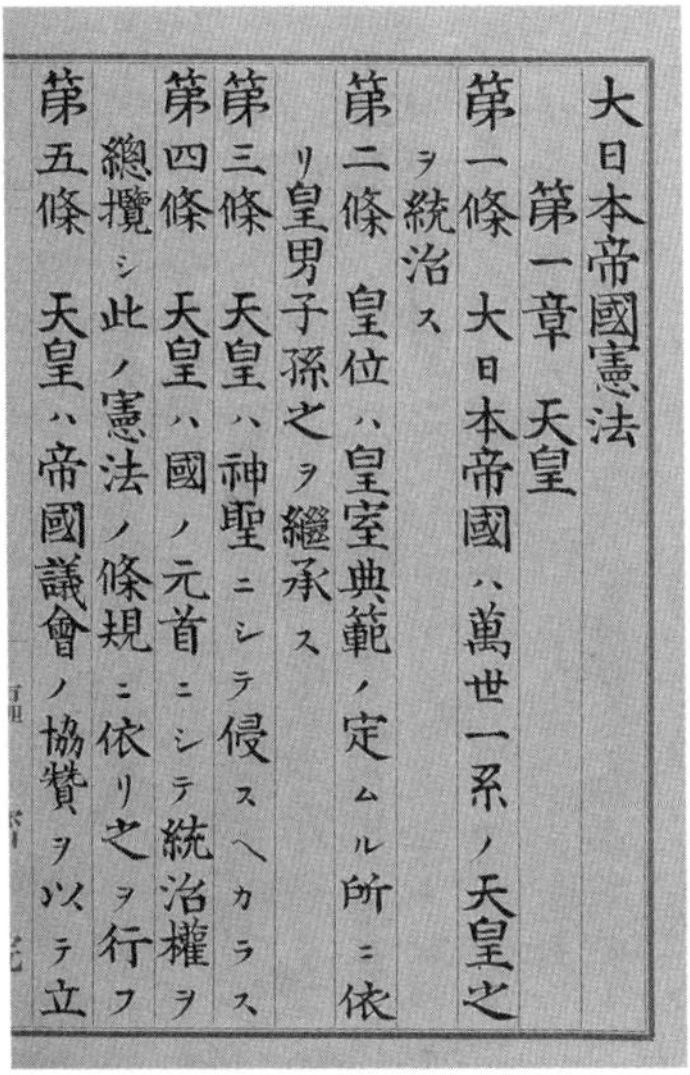
大日本帝國憲法
第一章　天皇
第一條　大日本帝國ハ萬世一系ノ天皇之ヲ統治ス
第二條　皇位ハ皇室典範ノ定ムル所ニ依リ皇男子孫之ヲ繼承ス
第三條　天皇ハ神聖ニシテ侵スヘカラス
第四條　天皇ハ國ノ元首ニシテ統治權ヲ總攬シ此ノ憲法ノ條規ニ依リ之ヲ行フ
第五條　天皇ハ帝國議會ノ協贊ヲ以テ立

1889年（明治22年）2月11日に発布された大日本帝国憲法。法律の範囲内で居住移転や信教の自由、出版・集会の自由などが認められた。（国立公文書館所蔵）

なり多くの学者や政治家が「天皇が絶対専制君主であることを記した条文である」と誤読しています。どこが誤読かというと、この条文は「天皇は神聖にして侵すべからざる存在だから、責任は問わない」という意味なのです。いいかえれば、天皇には政治責任は問わないということ。天皇のもとで万が一、間違ったことが起こったとしても、天皇に対して政治責任は問いません、というのが「神聖にして侵すべからず」という条項の本質なのです。

じっさい第五十五条には、「国務各大臣は天皇を輔弼《ほひつ》しその責に任ず」とあります。責任をとるのは国務大臣なのです。これを裏返すと、「政治責任は問わない」とは「権限がない」ということです。天皇が独自の判断で政治的な決定をするのではなく、臣下の国務大臣が天皇に代わって判断し、天皇の裁可を仰ぐ。最終的な判断をするのは国務大臣なのです。天皇はそれを決済するだけですから、決定権はない。だから責任をとる必要もないのです。ただし決定権がないことをあからさまに記すと失礼に当たりますから、「神聖にして侵すべからず」と、裏返しに表現したわけです。

井上毅はこの規定を憲法に盛ることに反対したといいます。なぜでしょうか?

この規定は一種の契約的表現で、君主と国民の契約的雰囲気があります。もともと天皇は歴史上のある時期から政治を取り仕切ることはなくなっているのだから、あえて規定するのはおかしいと彼は考えたのです。しかし、これも外国人にはなかなか通用しないだろうから入れておいたほうがいいという判断が優先されたわけです。

出でよ、平成の井上毅

このようにひとつひとつ大日本帝国憲法の条文の由来・背景を探っていくと、国づくりにかけた先人の苦労や悩み、希望や展望など、いろいろなことが憲法のなかに詰まっていることが理解できます。

井上毅は憲法の草案をつくっただけではなく、「教育勅語」も書きました。最初、教育勅語はほかの人が草案をつくりましたが、なにやらキリスト教に似ていたり、特定の政治思想や宗教に偏ったりしてしまう傾向がありました。儒教だけでもだめ、仏教だけでもだめ。明治の国民がどのような宗教を信奉していたとしても、日本人に共通不変の道徳を示さなければなりませんでした。そこで井上毅は渾身《こんしん》の力を振り絞って、教育勅語をまとめました。彼は「皇室典範」にも関係しています。

日本の国家としての骨格をなす憲法、教育勅語、皇室典範を一身に背負って、まさに獅《し》子奮迅《しふんじん》の働きをしたのが井上毅でした。そのため体はボロボロになり、五十一歳で亡くな

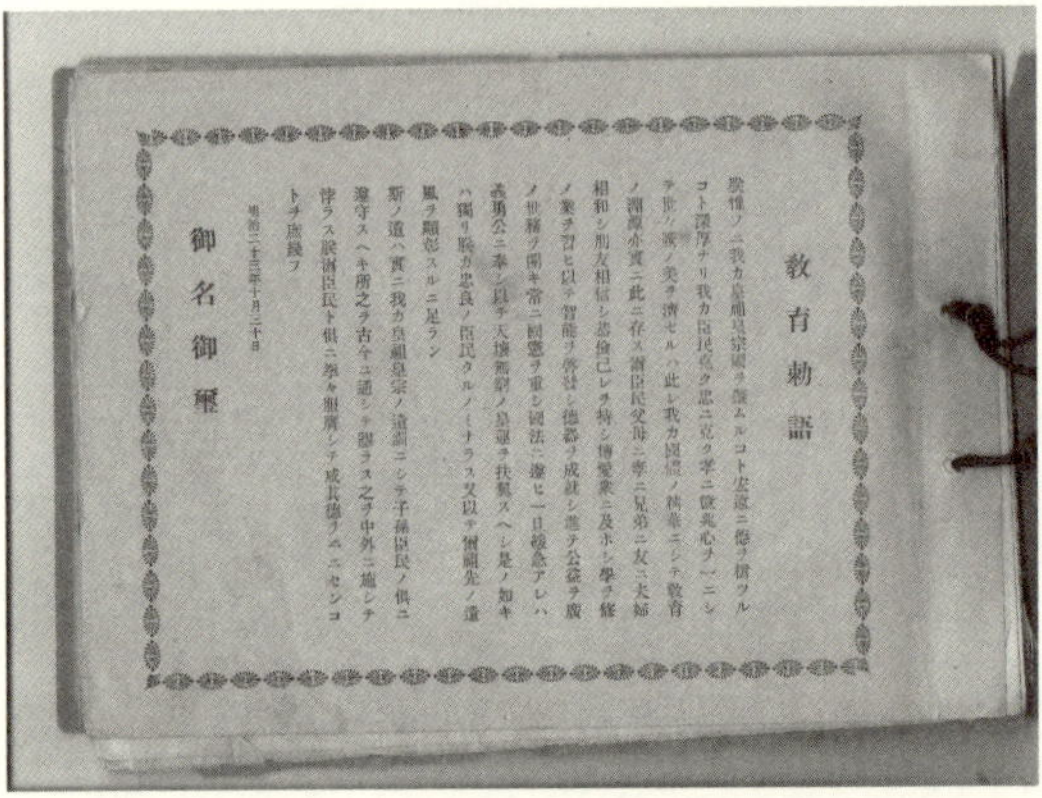
教育勅語

朕惟フニ我カ皇祖皇宗國ヲ肇ムルコト宏遠ニ德ヲ樹ツル
コト深厚ナリ我カ臣民克ク忠ニ克ク孝ニ億兆心ヲ一ニシ
テ世々厥ノ美ヲ濟セルハ此レ我カ國體ノ精華ニシテ敎育
ノ淵源亦實ニ此ニ存ス爾臣民父母ニ孝ニ兄弟ニ友ニ夫婦
相和シ朋友相信シ恭儉己レヲ持シ博愛衆ニ及ホシ學ヲ修
メ業ヲ習ヒ以テ智能ヲ啓發シ德器ヲ成就シ進テ公益ヲ廣
メ世務ヲ開キ常ニ國憲ヲ重シ國法ニ遵ヒ一旦緩急アレハ
義勇公ニ奉シ以テ天壤無窮ノ皇運ヲ扶翼スヘシ是ノ如キ
ハ獨リ朕カ忠良ノ臣民タルノミナラス又以テ爾祖先ノ遺
風ヲ顯彰スルニ足ラン
斯ノ道ハ實ニ我カ皇祖皇宗ノ遺訓ニシテ子孫臣民ノ俱ニ
遵守スヘキ所之ヲ古今ニ通シテ謬ラス之ヲ中外ニ施シテ
悖ラス朕爾臣民ト俱ニ拳々服膺シテ咸其德ヲ一ニセンコ
トヲ庶幾フ

明治二十三年十月三十日

御名御璽

1890年（明治23年）に発布された教育勅語。正しくは「教育ニ関スル勅語」という。1948年（昭和23年）に廃止された。

りました。亡くなったとき、その死を看取った医師は「彼の体から血が一滴も出ないほど衰弱していた」といって驚いています。

こうした人たちの英雄的な働きによって、日本という国の土台がつくられました。みなで寄り集まり、集団でなんとなく知恵を集めたのではなく、最後は個人の力でした。現在の日本国憲法の全面改正も、『古事記』や『日本書紀』の研究からもう一度はじめて、日本の国柄がなんであるのかを改めて考える。そこからスタートしなければなりません。しかも、いまの時代にふさわしい日本国憲法の根本理念を考え、そのうえでさまざまな細かい制度の改正をする。私はそれを期待しています。

そのためには――「出でよ、平成の井上毅！」といいたいのです。

第五講

支那事変とはなんであったか

~近代の日本と世界／昭和時代~

「日中戦争」か「支那事変」か

「支那事変」という言葉は、最近はあまりお目にかかりません。戦争についての呼び名のことを「戦争呼称」といいます。ところがこの「戦争呼称」は、じつは歴史教育においていつも問題になるところなのです。

では、昭和初期の日本が戦った戦争の呼び名にはどんなものがあるでしょうか。「大東亜戦争」「太平洋戦争」「第二次世界大戦」「十五年戦争」「日華事変」「支那事変」「満州事変」「上海事変」……等々があります。

「大東亜戦争」というのは、わが国が真珠湾攻撃をしたとき（一九四一年）、日本政府が正式に決めた戦争呼称です。つまり、いちばん正規の呼称です。

ところが戦後、日本を占領したアメリカは一九四五年（昭和二十年）十二月十五日に神《しん》道指令《とうしれい》を発し、そのなかで、「大東亜戦争」という呼称を禁止し、これからは「太平洋戦争」と呼ぶようにと強制してきたのです。それ以降、歴史教科書はすべて「太平洋戦争」と記述されるようになりました。要するに「太平洋戦争」というのは、押しつけられた呼称ということになります。

私どもの『新しい歴史教科書』は最初から「大東亜戦争（太平洋戦争）」と書いてきましたし、それが文部科学省の検定を通りましたので、現在もそのように記述されています。そもそも先の戦争は、太平洋地域に限定された戦いではありません。中国大陸でも、ビルマ（現ミャンマー）などでも戦われたわけですから、「太平洋戦争」と呼ぶのは地理的にもおかしいのです。

そうした地理的おかしさがある「太平洋戦争」を避け、さらに「大東亜戦争」という正式な呼称を抹殺するため、日本の左翼の歴史学者が考え出したのが「アジア・太平洋戦争」という呼び方です。こう書けば、太平洋地域ではないビルマなどもふくめて地理的にカバーできるという理屈ですが、これは恥の上塗りというものです。「太平洋戦争」というのがそもそも押しつけ言葉なのに、そこに「アジア」という言葉をつけて糊塗したとしても、本質的な問題はなにも解決しないからです。

「第二次世界大戦」というのは、これは世界規模での戦争だったことを示す呼称ですから、いいでしょう。「大東亜戦争」はそうした第二次世界大戦における東アジアを中心とした部分集合に当たるわけです。

では、「十五年戦争」はどうか？　これは一九三一年（昭和六年）の満州事変から、一九四五年（昭和二十年）の敗戦までの中国大陸における日本と支那との戦争に関して、評論家の鶴見俊輔氏が命名した呼称です。しかし満州事変から日本の敗戦まで、十四年しかありません。それにもかかわらず、「十五年」というのは……「足かけ十五年」だからというのです。これまたおかしな屁理屈といわざるをえません。なぜなら満州事変のあと、一九三三年には「塘沽停戦協定《タンクーていせんきょうてい》」が結ばれ、一九三七年に支那事変がはじまるまでの四年間、戦争はなかったからです。あたかも十五年間まるまる戦争が継続していたかのような印象を与える「十五年戦争」という呼び方は明らかに間違いだといわざるをえません。

一九三七年から一九四五年までの八年間は連続して戦争がありましたから「八年戦争」という呼び名であれば、まだ論理的ですが、「十五年戦争」はまったくの誤りです。したがって、いまやこのように呼ぶ人はほとんどいなくなりました。

このように戦争呼称はいろいろモメるものですから、「あの戦争」という言い方まで登場してきました。日本語で「あの戦争」というとちょっとおかしな響きがありますが、英語では"The last war"となります。「これまで自国がかかわった戦争のなかの最後の戦争」という意味になりますから、こちらのほうはなんの問題も生じない呼称ということになります。

さて、次は「事変」という言葉について、お話ししましょう。

事変にも、「北支事変」「支那事変」「上海事変」「日華事変」……等々、いろいろあります。「北支事変」というのは、一九三七年七月七日に起こった盧溝橋《ろこうきょう》事件のことです。日本側は最初、この事件を「北支事変」と呼んでいましたが、その年の九月、近衛（文麿《ふみまろ》）内閣が正式に「支那事変」と命名しました。そして、のちの東条内閣はこの支那事変も大東亜戦争の一部にふくめることにしています。

それにしても、事実上の戦争なのに、どうして「事変」というのでしょう？　その説明はわれわれの教科書ではこう書いています。

「事変」は「警察力でしずめることができない規模の事件・騒動」を意味し、「戦争」とは区別される。日本は、中国に対し宣戦布告をせず、「支那事変」とよんだ。また、アメリカには中立法があり、戦争中には武器の原材料を売ることはできない立て前になっていた。そのため、資源をアメリカからの輸入に依存する日本は「戦争」の呼称をさけた面もある。中国側も宣戦布告はしなかったが、支那事変の実態は、中国との戦争だった。

宣戦布告しないと戦争とはいえませんから、「事変」と呼んだわけです。

さて、そこで「支那事変」の「支那」という言葉です。「これはよくない言葉だから使ってはいけない」という説があります。でも、そんなことはありません。「支那」はけっして蔑称《べっしょう》ではありません。古代の「秦《しん》」という国名に由来する言葉で、唐の時代、インドで「cina」と呼ばれ、それを漢字で「支那」と書いたのがはじまりです。ですから「支那」という言葉は「秦」からきた正当な呼称なのです。

戦争の呼称には、その国の国民のアイデンティティがかかわっています。ですから、「太平洋戦争」という戦争呼称で勉強した子供と、「大東亜戦争」という呼称で勉強した子供では、当然のことながら歴史に対する構え方が違ってきます。当時の人びとの感じ方になるべく沿った言葉を使うべきです。

「日中戦争」というのはあとから命名した呼称にすぎません。

もっとも、あとからつくった言葉を使ってはいけないということはありません。そんなことをいったら「明治維新」という呼称もだめになってしまいます。なぜなら、当時の人たちは「御一新《ごいっしん》」と呼びならわしていたからです。

その意味で、「日中戦争」という言葉も絶対にだめとはいえません。実際、「支那事変」という用語に統一した場合、教科書の「中国」はすべて「支那」に書き換えねばなりません。ところが「中国」という言葉はあまりに深く定着していて、それは不可能であることがわかりました。そこで、二〇一五年の教科書の改訂でも「日中戦争（支那事変）」を単元のタイトルにしました。

盧溝橋事件の「犯人」

盧溝橋事件は一九三七年（昭和十二年）の七月七日に起こりました。午後十時四十分ごろ、北京の南西郊外の盧溝橋で演習をしていた日本軍部隊（支那駐屯軍第三大隊および歩兵砲隊）に銃弾が撃ち込まれたのが発端です。最初に一発撃ち込まれ、しばらくしてから、また十数発の弾丸が飛んできました。

盧溝橋というのは永定河《えいていが》という川にかかる大きな石の橋で、マルコ・ポーロが『東方見聞録』（平凡社ライブラリー）のなかで「みごとな橋だ」として紹介したところから、「マルコ・ポーロ・ブリッジ」などと呼ばれることもあります。日本軍はその橋の近くの荒れ地で演習をしていたのです。

さらにその近くには中国国民革命軍第二十九軍が駐屯していました。司令官は宋哲元《そうてつげん》という人でした。

日本側は隠忍自重《いんにんじちょう》していましたが、翌朝の三時二十五分にまた銃撃があり、さらに五時半にも銃撃されました。そこで最初の銃撃から七時間後の午前五時半、日本軍もついに反

日中戦争の端緒となった盧溝橋事件。

撃を開始したのです。すると、盧溝橋上、その北にある城塞都市・宛平県城《えんぺいけんじょう》、そして永定河の川中島から反撃を受けました。

こうして両軍の戦いとなりますが、では、最初に日本軍に銃弾を撃ち込んできたのはだれなのか？　ここが重要なポイントとなります。

これには三つの説が出されています。

①「日本軍の計画的な軍事行動であり、侵略であった」とする説。これは中国の公式見解です。また、日本共産党の公式見解でもあります。さらにいえば、村山富市《むらやまとみいち》氏が首相在任当時、盧溝橋へ行って帰国したとき述べた発言もこの説を採っていました。日本の教科書でもこの説を採用しているものがかなりあります。

②次は、偶発的な出来事だったという説。昭和史を扱った一般書の多くがこういう書き方をしています。

③そして、「中国共産党の謀略である」という説。その背景にはコミンテルン（国際共産党司令部）の方針があったとされます。

以下、各説を順番に検討していきたいと思います。

まず、①の「日本軍の計画的軍事行動」説は次の四つの理由から成り立ちません。

ひとつ目は、「なぜ中国に日本の軍隊がいたのか。それがそもそも侵略ではないか」という人がいますが、これはまったく事実を知らない議論です。どういうことかというと、一九〇〇年に「義和団事件」がありました。義和団というのは民間宗教を土台にした土着集団です。その暴徒が北京に押し寄せ、各国の大使館や公使館を包囲攻撃しました。そこで日本をふくむ八か国が連合軍を出し、これを鎮圧しています。そして翌一九〇一年、「北京議定書」が結ばれ、各国が自国民保護のため、中国に軍隊を駐留させることが清朝政府とのあいだで取り決められたのです。アメリカ、イギリス、フランス、ドイツ、オーストリア、ロシア、イタリア、日本の八か国に加えて、ベルギー、スペイン、オランダの計十一か国がこれに調印しています。要するに、日本軍の中国駐留は北京議定書に基づく、合法的なものだったのです。

義和団事件に参加した連合軍の兵士。右から日本、イタリア、オーストリア＝ハンガリー、ドイツ、イギリス領インド、ロシア、アメリカ、イギリス。

盧溝橋事件当時、日本は他国より多い五千六百人の軍を駐屯させていましたが、これは民間人の居留民が三万三千人と、ほかの国よりずっと多かったからです。民間人ひとり当たりの兵員をみますと、日本軍は民間人六人に兵ひとりという割合です。これに対してアメリカは民間人二人に兵ひとりでした。

ですから、最初の疑問――「なぜ中国に日本の軍隊がいたのか。それがそもそも侵略ではないか」というのは、まるで歴史を知らない人の言い方にすぎません。

二つ目に、日本の侵略など絶対にありえないことは客観的な事実からも明らかです。

先に述べたように、日本軍の兵力は五千六百でしたが、宋哲元の率いる第二十九軍は十五万の軍勢《ぐんぜい》でした。「十五万」対「五千六百」という力関係です。いわば、日本軍は中国の大部隊に取り囲まれていたわけです。そんな十倍もの相手に、こちらから戦いを仕かけるなどという無謀なことはありえないのです。

世界的なスケールで当時の兵力をみてみると、中国が二百十万でトップ。次いでソ連（現ロシア）の百六十万。これに対して、日本は二十五万の兵力しかありませんでした。私たちは、日本がたいへんな「軍事大国」であったかのごときイメージを植え付けられておりますが、現在の自衛隊（二十四万）と変わらない数の兵力しかもっていなかったのです。そんな日本がみずから侵略行動を開始するという想定自体、成り立ちません。

三つ目として、「軍事演習を行うこと自体、中国側に対する挑発ではないのか」という議論があります。なるほど日本軍は盧溝橋付近で演習を行っていましたが、仮想敵は中国軍ではなく、ソ連軍でした。「野宿をし、暗闇のなかで敵地に接近し、明け方に攻撃する」という訓練はまさに対ソ戦を想定した演習でした。

四つ目、決め手といってもいいようなポイントは、当夜の日本軍の装備です。日本軍は銃こそもっていましたが、実弾を込めていませんでした。空砲です。ですから、もし攻められても応戦できません。ましてこちらから攻めることなどありえません。しかも日本兵は鉄帽をかぶっていませんでした。頭がまる出しの状態です。こんな装備で戦闘を目的にしていたなど、絶対にありえないのです。

このように装備から見ても、当時の戦力配備から見ても、「日本軍の計画的侵略行為」

という説は成り立ちません。微視的に見ても、巨視的にいっても、ありえません。

②の「偶発事件」という説もむりでしょう。というのも前述したとおり、日本軍に対する銃撃は午後十時四十分の一発ではなく、その直後の十数発、さらに翌朝の三時二十五分、五時半と連続しているからです。その銃撃が意図的であったことは否定できません。

では、「犯人」はだれなのか。

それは中国共産党です。したがって、③が正解ということになります。

じっさい日本軍が反撃を開始した八日午前五時半の数時間後、延安にある中国共産党本部から「78通電」と呼ばれる電報が発信されています。日本国際問題研究所の『中国共産党資料集』(勁草書房)第八巻によれば、以下のような電報です。

七月七日夜十時、日本は盧溝橋に於いて中国の駐屯軍馬治安部隊に対し攻撃を開始し、馬部隊に対し、長辛店《ちょうしんてん》への撤退を要求した。

日本軍のかかる挑発行為が遂に大規模なる侵略戦争にまで拡大するか否かにかかわらず、天津と華北は日本軍に武装侵略される危険があり、頗《すこぶ》る切迫している。

これはおかしい。ご覧のように、この電報は「七月七日夜十時、日本は盧溝橋に於いて……攻撃を開始し」と書いています。しかし日本軍が反撃したのは、実際は翌八日の午前五時半でした。

これはいったいどういうことか？

この電報は「予定稿」だったのです。いまも触れたように、日本軍が攻撃を開始したのは「七月七日夜十時」ではなく、翌八日の午前五時半ですから、この電報は明らかに事前に用意されていたものなのです。

つまり中国共産党は七日の夜十時ごろ、日本軍を銃撃する計画をもっていたのです。すると、日本軍は当然、応戦してくるだろう。だから、「七月七日夜十時、日本は盧溝橋に於いて……攻撃を開始」と書いてあるのです。ところが彼らが最初の銃弾を放ったのは予定より遅れて、十時四十分でした。盧溝橋と延安は千キロも離れていますから、この四十分の遅れをつかみ損ねたということでしょう。

しかも、日本軍はただちに攻撃に移りませんでした。反撃に転じたのは翌朝です。そのため、この「予定稿」は自分たち（中国共産党）の策動をみずから暴露することになってしまったのです。

産経新聞の平成六年九月八日付夕刊によれば、支那派遣軍情報部北平《ほくへい》（北京）支部長・秋富重次郎大佐は次のように証言しています。

事件（盧溝橋事件・藤岡注）直後の深夜、天津の特殊情報班の通信手が、北京大学構内と思われる通信所から延安の中共軍司令部の通信所に緊急無線で呼び出しが行われているのを傍受した。「成功了」（成功した）と3回連続反復送信していた。

要するに、盧溝橋事件というのは中国共産党の仕組んだものだったのです。「犯人」は中国共産党だったのです。

盧溝橋事件「停戦協定」の真実

この盧溝橋事件でいちばん重要なポイントは、こういう銃撃戦が起こったものの、宋哲元の軍隊も日本軍もこの紛争を拡大する意思をもっていなかったことです。日本側は「現地解決・不拡大」という方針をただちに決め、事変解決のために努力しています。

そこで、わずか四日後の七月十一日に、宋哲元と日本軍のあいだで「現地停戦協定」が締結されています。

この停戦協定は「松井・秦徳純《しんとくじゅん》停戦協定」と呼ばれています。松井太久郎《まついたくろう》・特務機関長と北京市長の秦徳純のあいだで結ばれたので、このような呼称になっています。肝心な停戦協定の中身ですが、これは以下の三項目に要約することができます。
①第二十九軍の代表者は、日本軍に対して遺憾の意を表したうえで、責任者を処分し、そして「今後このような事件が起こらないよう防止する」と声明する。
②中国の軍隊が、日本の駐屯軍に接近しすぎているから、こういうことが起こるわけだから、盧溝橋周辺からは立ち退き、治安維持は保安隊に任せることにする。
③今回の事件は、藍衣社《らんいしゃ》（蔣介石軍の情報機関）や中国共産党の暗躍と密接な関係があるので、今後はそうした組織の取り締まりに力を入れる。
以上の三項目からはっきりすることは——宋哲元サイドが自分たちの手落ちを認め、日本軍に謝罪し、現地で事件を解決したという事実です。いいかえれば、前述した「盧溝橋事件は日本軍の計画的な軍事行動であり、侵略であった」とする説はまったく成り立たないことになります。

ここで、それを証明するようなエピソードをご紹介しておきましょう。

元杉並区長の山田宏さんは、国会議員に初当選したときは日本新党から立候補していました。その日本新党の議員団が中国を訪問したときのことです。中国側と意見交換をしていると、向こう側のひとりが「盧溝橋事件にはじまる日本の中国侵略はウンヌン……」といって、滔々《とうとう》と日本批判をはじめたそうです。日本新党の議員団はうなだれて、その演説を聞かされていたので、山田さんは手を挙げて次のように反論をしたといいます。――「日本の侵略というけれど、盧溝橋事件の四日後には停戦協定が結ばれて、中国側は謝罪しているじゃありませんか」と。そして、先の「松井・秦徳純停戦協定」の文面を読み上げたのです。

じつをいえば、この停戦協定の文面は日本の歴史書で紹介されることはほとんどありません。しかし、山田さんは中村粲《なかむらあきら》さんの『大東亜戦争への道』（展転社《てんでんしゃ》）という本を読まれて、停戦協定の文面を知っていたので、その場でただちに反論できたのです。そういうエピソードを、山田さんは二〇一二年に亡くなられた中村粲さんの「お別れの会」で披露なさっていました。

さて、山田さんのこの反論に対して中国側はどんな反応を示したでしょう？　山田さんに反論してきたかというと、まったくそんなことはなかったそうです。「ハイ、この会議はこれで終了いたします」といって、レセプションの呑み会に切り替わったというのです。盧溝橋事件にかかわる話はそれ以降、いっさい出なかったそうです。

中国というのは、史実を知らない日本人に対しては嘘八百を並べ立て、「日本軍国主義の罪状」を刷り込んでいくけれど、山田さんのように事実を知っている人にはデマは通じないから、「話は打ち切り」ということにしてしまうのです。中国とのあいだの歴史問題、歴史認識はすべてこういうものだということを、私たちは肝に銘じておくべきだと思います。

コミンテルンの「世界戦略」

では、どうして中国共産党はこのように日本との戦争を仕かけるような行動をとったのでしょうか。

北村稔さんという歴史研究者（立命館大学名誉教授）がいらっしゃいます。このかたが林思雲《りんしうん》という中国の人と共著でお出しになった『日中戦争―戦争を望んだ中国　望まなかった日本』という本（現在は『日中戦争の「不都合な真実」』と改題されてPHP文庫に入っている）は、たいへん斬新な内容で、私も日中戦争すなわち支那事変の位置づけを根本から考え直さなければいけないという刺激を与えられました。

この本のなかで北村さんは――中国は激しく戦争を望んだが、でもそれは中国国内のすべての人ではなかった、という趣旨のことを語っています。当時の中国で対日戦争を望んでいたのは次の三つの勢力だといいます。

①都市部の過激な学生と市民
②中国共産党
③地方軍閥

もっとも、①の「都市部の過激な学生と市民」は中国共産党の強い影響下にありましたから、結局は②の「中国共産党」と同じ穴のムジナです。それ以外の都市部の一般民衆や農民などは戦争など望んでもいませんでした。

③の「地方軍閥」というのは地方を牛耳《ぎゅうじ》る匪賊《ひぞく》というか、やくざのような存在ですから、戦乱に乗じて甘い汁を吸おうと考えていたのでしょう。したがって、真に対日戦争を望んでいたのは中国共産党であると断言しても過言ではありません。

当時の中国共産党は蔣介石の国民党と血みどろの戦いをしていました。国民党と中国共産党では軍事的にみて「百」対「一」ぐらいの勢力差がありましたから、共産党は前述した延安という片田舎にまで追い詰められていました。

もともと、国際共産党（コミンテルン）を組織したのはレーニンです。一九一九年、日本でいえば大正八年のことでした。コミンテルンというのは“Communist International”の略称です。すなわち、“Com-Intern”です。「国際共産主義運動」などというと一般の人たちになにやら不穏な印象を与えることになるため、「コミンテルン」などとカタカナ言葉にしたのです。左翼の人たちの作戦だったとみて、まず間違いありません。

コミンテルンはソ連のモスクワに本部を置き、世界中の共産党組織を束ねていました。コミンテルンで決めたことには、各国共産党は絶対服従でした。そしてコミンテルンは「世界革命」を起こすために各国の共産党に破壊活動を命じたのです。

レーニンは第一次世界大戦後、ロシアの皇帝を殺害し、帝政を廃止しました。ドイツでも皇帝が退位し、帝政が終わりを告げます。そこでレーニンは、ヨーロッパ各地で共産主義革命が起こるだろうと期待していましたが、これは思いどおりにはいきませんでした。そのため、「アジア迂回作戦」を案出したのです。

先進資本主義国というのはたいへんに力があります。よって、これを打倒することはそう簡単ではない。そこでヨーロッパの先進資本主義国の植民地となっているアジアの国々に目をつけたわけです。彼らをけしかけて、宗主国《そうしゅこく》に対する反乱を起こさせ、それによって資本主義国の力を弱める。そのために、アジアのあらゆる不満分子を煽《あお》り立てて革命の烽火《のろし》を上げようという作戦を立てたのです。それがレーニンの「世界革命戦略」でした。

資本主義社会において、いちばん基本的な対立関係にあるのは資本家と労働者です。しかし、ここで正面決戦をしても資本主義は倒れません。そこで工作対象を拡大して、まず「農民問題」といって、農民たちの不満を利用しようとしました。次は「民族問題」といって、植民地の人たちの不満を組織する。そうすれば、それはものすごい数になると考えたわけです。さらに、不満をもつ人びとの究極の大部隊、それは女性です。いまでいうならフェミニズムです。いま話題になっている慰安婦の問題も、男性と女性の対立を煽《あお》る共産主義者たちの工作と無縁ではないのです。

とにかく、当面はヨーロッパで闘っても勝ち目はないので、コミンテルンはアジアに目をつけたわけです。とりわけ舞台になりそうだったのが、当時の中国です。

中国は、膨大な数の住民が圧政に虐《しいた》げられてきた国です。古代から当時まで、圧政に次ぐ圧政でした。しかも、先ほどの軍閥のような存在が跋扈《ばっこ》する百鬼夜行の世界です。そこでコミンテルンはここに大量の工作員を送り込んで、中国人の共産主義者を育てようとしたのです。

一九三五年のコミンテルン第七回大会は「人民戦線戦術」を決定しました。「反ファシズム統一戦線」と呼ばれることもあります。それは資本主義国、とりわけ「ファシズム」のレッテルを貼られた国に対して、広範な勢力を人民戦線として戦わせようとしました。

そんななか、一九三六年に起こったのが「西安事件《せいあんじけん》」でした。中国共産党と戦っていた張学良《ちょうがくりょう》を激励するため、蔣介石が西安へ行ったところ、なんと彼に監禁されてしまったのです。父・張作霖《ちょうさくりん》を日本軍に殺された張学良は、蔣介石が共産党壊滅作戦を展開するばかりで、抗日戦線に力を入れないのを不満としていたのです。

じっさい当時の蔣介石は「安内攘外」といって、「まず国内の敵（中国共産党）を片づけてから、外敵（日本軍）を討つ」という考え方をしていました。その結果、蔣介石はあと一歩のところまで共産党を追い詰めたにもかかわらず、この西安事件でそれが頓挫することになってしまいました。

蔣介石は、中華民国大統領の孫文が一九二四年に設立した黄埔軍官学校《こうほぐんかんがっこう》の初代校長でした。そのときこの学校の政治部副主任が周恩来、生徒の受験時の面接官が毛沢東でした。毛沢東と周恩来は、当時、中国共産党の指導者になっていましたので、西安事件に際しては周恩来が仲介に入りました。そして蔣介石と会談し、国民党と共産党の和解を成立させ、さらに蔣介石に「抗日」を約束させたのです。

これで東アジア情勢はガラッと変わってしまいました。じっさい、この西安事件の翌年、起こったのが盧溝橋事件でした。

コミンテルンと中国共産党の謀略活動

すでに触れたように、盧溝橋事件ではただちに停戦協定が結ばれました。しかし、コミンテルンとしてはそれでは困ります。そこで、「日本軍と国民党軍（蔣介石軍）を停戦させてはならない」という指示を出しています。

日本の興亜院政務部が一九三九年（昭和十四年）に出した資料集のなかに、「コミンテルン指令」が掲載されています。「コミンテルン並《ならび》に蘇聯邦《ソれんぼう》の對支政策《たいシせいさく》に關《かん》する基本資料」と題されています。

①あくまで局地戦を避け、日支の全面衝突に導かねばならない。
②右目的貫徹のため、あらゆる手段を利用すべく、局地解決や日本への譲歩によって支那の解放運動を裏切る要人を抹殺してもよい。
③下層民衆階層に工作し、彼らに行動を起こさせ、国民政府として戦争開始のやむなきにたち到らしめねばならない。
④党（中国共産党・藤岡注）は対日ボイコットを全支那に拡大し、日本を援助する第三国に対してはボイコットもとって威嚇せよ。
⑤紅軍は国民政府軍と協力する一方、パルチザン的行動に出なければならない。
⑥党は国民政府軍下級幹部、下士官、兵並《ならび》に大衆を獲得し、国民党を凌駕する党勢に達しなければならない。

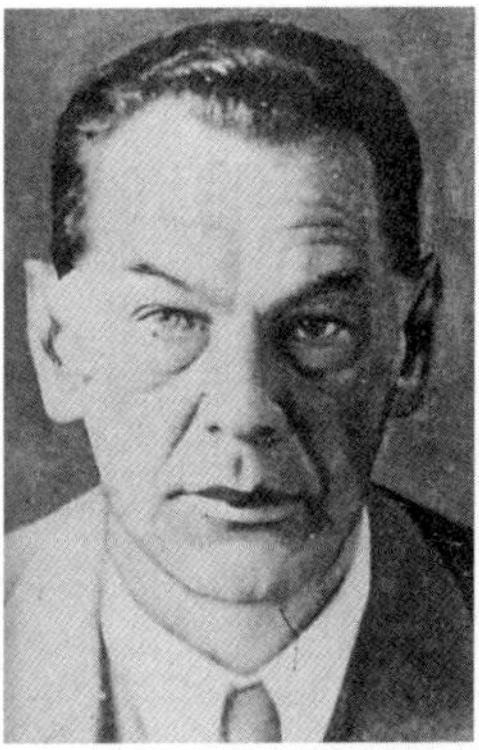
ドイツ人記者にふんしてスパイ活動を行ったゾルゲ。その情報によりソ連は対ドイツ戦に兵力を回すことができた。1944年（昭和19年）、日本で処刑される。

コミンテルンは、なにがなんでも日本軍との全面戦争を誘発させようとしただけでなく、「日本との妥協を図る要人は殺してもいい」といっています。なぜそこまでこだわるかというと、日本軍と国民党軍を戦わせ、両者をともに疲弊《ひへい》させ、弱体化させることによって、中国共産党に漁夫の利を得させようと考えたからです。そうしてアジア全域を共産化しようという遠大な基本戦略を描いていたのです。

朝日新聞記者・尾崎秀実《おざきほつみ》をソ連のスパイに仕立て上げ、対ソ戦を回避して、対英米戦争にもっていこうとした「ゾルゲ事件」（一九四一年）もそうした謀略の一環でした。

つまり日本と国民党の戦いは、中国共産党が生き残り、権力を奪取するための手段だったのです。そのためには彼らはどんなことでもしました。そこで、その後の日支関係は和平が実現しそうになると事件が起こり、せっかくの和平路線を引き戻すということを繰り返したのです。

その典型例が、一九三七年に北京の東十二キロの通州で起こった残虐きわまりない

「通州事件」です。前記・中村粲《なかむらあきら》さんの『大東亜戦争への道』によれば、第二連隊歩兵隊長代理の桂鎮雄《かつらしずお》少佐は次のように証言しています。

近水楼（旅館・藤岡注）入口で女将《おかみ》らしき人の屍体を見た。足を入口に向け、顔だけに新聞紙がかけてあつた。本人は相当に抵抗したらしく、着物は寝た上で剝がされたらしく、上半身も下半身も暴露し、四つ五つ銃剣で突き刺した跡があつたと記憶する。陰部は刃物でえぐられたらしく血痕が散乱してゐた。（中略）女中部屋に女中らしき日本婦人の四つの屍体があり、全部もがいて死んだやうだつた。折り重なつて死んでゐたが、一名だけは局部を露出し上向きになつてゐた。（中略）男は目玉をくりぬかれ上半身は蜂の巣のやうだつた。（中略）その裏の日本人の家では親子二人が惨殺されてゐた。子供は手の指を揃へて切断されてゐた。南城門近くの日本人商店では、主人らしき人の屍体が路上に放置してあつたが、胸腹の骨が露出し、内臓が散乱してゐた。

第二講で、私は「ミューティレーション（mutilation）」＝「四肢切断」という言葉を引きましたが、こうした虐殺法は中国人に特有のやり方なのです。

潰された「船津工作」

こんな「通州事件」にもかかわらず、あくまでも中国との和平を希望していた日本は、昭和天皇みずから、近衛首相に「外交交渉で解決してはどうか」と、熱烈なご希望を伝えました。そこで、ふだんは仲のよくない陸軍省、海軍省、外務省が足並みをそろえ、一九三七年八月四日に「船津工作」を整えたのです。

ここに名前の出てきた船津辰一郎《ふなつたついちろう》という人は中国側からも信頼の厚い元外交官の実業家です。日本側はこの船津氏を通じて、蔣介石政府にきわめて寛大な和平を働きかけました。

その骨子は次のとおりです。

①塘沽停戦協定《タンクーていせんきようてい》（一九三三年）、梅津・何応欽《かおうきん》協定（三五年）、土肥原《どいはら》・秦徳純協定（同）など、日本に有利な北支那に対する軍事協定をすべて解消する。

②非武装地帯を設ける。

③冀東《きとう》・冀察《きさつ》政権を解消し、南京政府の下に置く。

④日本の駐屯軍の兵員は盧溝橋事件以前と同じ状況に戻す。

これは塘沽停戦協定以来、日本側が北支で手にした権益のほとんどを放棄するという思い切った提案です。中国側からいってきた案を丸呑みするような妥協案でした。ですから、中国としても文句のつけようのない、このうえもない好条件がそろっていました。日本側が要求したのは「満州国の黙認」と「反日運動の取り締まり」だけでしたから、これをもってすれば、両国の紛争はただちに止むとみられていました。

ところが、その第一回会談が上海で行われることになっていた八月九日の当日、当の上海で「大山中尉虐殺事件」が起こったのです。海軍上海陸戦隊の大山勇夫《おおやまいさお》中尉（死後、大尉に昇進）が斎藤與蔵《よぞう》一等水兵の運転する車で市内を視察していたところ、中国側の保安隊に包囲され、機関銃で撃たれます。しかも頭を青竜刀で割られるというむごたらしい事件でした。車を運転していた斎藤一等水兵も運転席で多数の銃弾を浴びて死んでいます。

この事件の勃発によって、当日予定されていた日本と国民党の和平会談はご破算となり、その一週間後に第二次上海事変が起こるのです。

支那事変のはじまりは第二次上海事変だ

「支那事変のはじまりは盧溝橋事件である」と、ほとんどの教科書に書かれておりますが、これは事の本質を覆い隠すものだというべきです。なぜなら、盧溝橋事件はすでにお話し

上海にあった租界地。フランス、イギリス、アメリカ、イタリア、日本と国ごとに分かれており、日本人は3万人ほど居住していた。

したように現地停戦協定でいったんは収まっていたからです。その後も中国側からの挑発が続き、やむなく日本側も局地的な軍事行動に出たものの、それが本格的な戦闘に発展することはありませんでした。まして、わが国は通州事件があったあとでさえ、「船津工作」のようなかたちで和平を追求していたのです。

その意味では、盧溝橋事件というのはほんとうに局地的なトラブルであり、これを「支那事変のはじまり」と位置づけるのは誤りだというべきです。

では、支那事変の真のはじまりはいつ、どこか、といえば、それは「一九三七年八月十三日の上海である」なのです。この日、国民党軍五万の精鋭部隊が突如、日本人居留民のいる租界《そかい》に襲いかかったのです。

当時の日本は、華北の居留民は陸軍が守り、華中および華南は海軍がその任に当たるという地域的な役割分担をしていました。したがって、上海を守備するのは海軍陸戦隊ということになりますが、その数はわずか二千二百でした。そこへ五万の国民党軍が攻撃を仕かけてきたわけですから、応戦したものの苦戦は免れませんでした。

この攻撃作戦の中心人物は張治中《ちょうじちゅう》という将軍でした。彼は先制攻撃の提唱者で、上海攻略のために前々から戦闘準備をしていました。

『ワイルド・スワン』(講談社文庫)で有名になったユン・チアンは、夫ジョン・ハリデイとの共著『マオ—誰も知らなかった毛沢東』(講談社)という本のなかで、張治中が蔣介石に次ぐ国民党の大幹部でありながら、じつはスターリンのスパイであったという事実を暴露しています。そして、この上海事変も張治中が蔣介石のいうことを聞かずにはじめたものだと書いています。

八月九日、張治中は蔣介石の許可なしに上海飛行場の外で事件を仕組んだ。張治中が配置しておいた中国軍部隊が日本海軍陸戦隊の中尉と一等兵を射殺したのである(前述の大山中尉事件)。さらに、一人の中国人死刑囚が中国軍の軍服を着せられ、飛行場の門外で射殺された。日本側が先に発砲したように見せかける工作である。日本側は事件を穏便に処理したいという意向を示したが、張治中は攻撃許可を求めて蔣介石を攻めたてた。蔣介石はこれを却下し、一三日朝、張治中に対して、「一時の衝動に駆られて」戦争の口火を切ってはならない、いま一度あらゆる局面を「検討」したうえで計画を提出するように、と命じた。翌日、張治中は、「本軍は本日午後五時をもって敵に対する攻撃を開始する決意なり。計画は次のとおり……」と、蔣介石に迫った。

日時が一日ズレていること、それに蔣介石自身、兵を十年養って日本と戦う意思は十分もっていたわけですから、張治中が「蔣介石のいうことを聞かずに」というのは当たらないのではないでしょうか。

ただし、張治中が中国共産党のスパイであったことはまったくの事実です。というのも、戦後の一九四九年、国共内戦（国民党と共産党の内戦）が決着したとき、張治中は国民党側の代表として交渉に参加しながら、共産党側に寝返っているからです。国民党のなかには共産党員が大勢もぐり込んでいて、コミンテルンの指令を実行していたというのが当時の実態でした。

しかも第二次上海事変が勃発したとき、国民党は外国人記者に向かって「日本軍が攻撃を仕かけてきた」というデマを発表しました。ところが外国の新聞記者たちはこの発表には騙されませんでした。一連の流れをみていて、「デマだ」ということにはっきり気づいていたからです。

じっさい、「侵略」してきたのはどちらでしょう?

そもそも、侵略ということの意味を考えてみましょう。「侵略」は英語で“aggression”といいます。そしてこの“aggression”は“unprovoked attack”を意味します。いうまでもなく、“attack”とは「攻撃」のことであり、“provoke”というのは「挑発する」という意味です。

すると、“unprovoked attack”というのは頭に“un”がついていますから、「挑発されないのに攻撃する」、すなわち“aggression”=「侵略」ということになります。

それに対して、挑発されて——たとえば、相手が刃物を突きつけてきたので危険を感じて反撃した場合、頭に“un”のつかない“provoked attack”になります。相手から挑発されたので反撃したわけですから、これはまったく「侵略」には当たりません。

日露戦争は一九〇四年二月、旅順港のロシア艦隊に対する日本の駆逐艦による奇襲攻撃(旅順口攻撃)ではじまっています。あれも、ロシア側の露骨な南下政策によって“provoke”=「挑発」されたことが原因ですから、正当性があります。

ところが、“provoke”されていないのに“attack”したら、これは明らかに「侵略」になります。

……ということで、第二次上海事変を考えてみると、国民党軍は八月十三日、いきなり攻撃を仕かけてきたわけですから、まさに「侵略」です。

日本は正当な条約に基づいて上海に部隊を駐留させていたのです。居留地では平和的に商売を営む日本人が大勢いました。そんな日本人に対して中国側から一方的に軍事行動を仕かけてきたのですから、相手の「侵略」以外のなにものでもありません。それが第二次上海事変であり、支那事変のはじまりでした。

「戦争の歴史」を学び直す時期

この上海事変については、どの教科書をみても細かいことは書いてありません。盧溝橋事件終結のあと、上海で戦争がはじまったのです。それがなぜはじまったのか？　たいていの（教科書ではなく）歴史書は「上海に飛び火した」といった書き方をしています。では、「飛び火」とはなんでしょう？　これは山火事のような自然現象について使う言葉です。この社会で起こることは自然現象ではなく、かならずなんらかの意図で起こるのです。

上海という欧米列強が集まっている土地を選んで、日本の海軍陸戦隊を攻撃してきたのは蔣介石の軍隊です。これは「飛び火」などというものではなく、明らかな戦闘意思に基づく行動でした。

しかも上海に配置された国民党軍はドイツの軍事顧問団の訓練を受けた精鋭ぞろいで、なんと二万ものトーチカ（鉄筋コンクリート製の防御陣地）を築いていました。

対する日本軍は二千二百の海軍陸戦隊に、漢口や内地から参加した「応援部隊」を加えても約四千。それでも、五万の大軍を相手に死に物狂いの防戦をしています。もしこの防衛線が破られていたら、どんなことが起こったでしょう？　ひとつだけはっきりいえることは、そのとき三万人を数えた日本人居留民の身には、「通州事件」の惨劇がもっと大規模に再現されたであろうということです。

上海の海軍陸戦隊は、自分たちの十倍の敵と戦って二週間ものあいだもちこたえました。これは世界の戦史に残る英雄的な戦いでした。その後、日本は居留民保護のため、九月九日に台湾守備隊、第九師団、第十三師団、第百一師団に動員命令を下し、十一月十日にやっとケリがつきました。日本は軍事的にもたいへん強かったのです。

この間、中国側は卑劣なことを繰り返しています。自分たちでさかんに爆撃を行っておきながら、「あれはすべて日本側の攻撃だ」という宣伝をしています。たとえば、八月十四日には上海の租界地区でわざわざホテルやデパートを狙って爆弾を投下、三千六百人もの死傷者を出しています。「キャセイ・ホテル」に落とされた爆弾では、戦後、駐日米国大使をつとめたライシャワーさんのお兄さんのロバート・ライシャワー氏が亡くなってい

日中戦争拡大化の要因となった上海事変。日本は日本人居住者保護のため派兵した。

ます。ライシャワーさんは前に取り上げた『ライシャワーの日本史』をこのお兄さんに捧げています。

一九三七年八月十四日、上海で
第二次世界大戦最初のアメリカ人犠牲者となった
兄、ボブに

と、本の扉に記しています。

また見逃せないことは、爆撃の対象が自国民だったということです。自国民をこれだけ殺して、「あれは日本軍の仕業だ」と宣伝しています。そうして日本への憎悪と支那への同情を引き出すというのが国民党軍の方針でした。

もっとも、そうした策動が外国人記者に見抜かれていたことはすでに述べたとおりです。

この戦いで日本軍は飢えよりも水に苦しみました。上海にはクリークと呼ばれる水路が縦横にめぐらされています。でも濁っているため飲み水になりません。水は飲みたいものの、飲めばかならずアメーバ赤痢になる。そういうたいへんな状況のなかで戦ったのです。

そして四万一千の死傷者を出しました。これは日露戦争に次ぐ犠牲者数でした。そうしたたいへんな犠牲を払いながらも、上海事変は日本側の勝利に終わりました。

これで、軍事的にはとても日本軍に勝てないと悟った蔣介石はどうしたか？　情報戦を仕かけてきたのです。徹底的に情報戦をやろうということで、国民党のなかに「国際宣伝処」というセクションをつくりました。外国人記者を味方に抱え込んで、日本に対する悪宣伝を流したのです。「われわれ支那人が言っても信用されないから、欧米人の記者に代弁してもらおう」という作戦でした。もちろん、その見返りは支払ってのことです。

こうした経緯を見ていると、のちの「南京大虐殺」問題や昨今の「従軍慰安婦」問題の背景もくっきり見えてくるのではないでしょうか。先ほど申し上げた“unprovoked attack”か、“provoked attack”か、といった問題もふくめて、われわれ日本人は戦争の歴史を学習し直し、日本人としての主張をしっかり見据えること。そういう時期にきているのではないかと、私は思います。

第六講

阿南陸相はなぜ終戦に反対したのか

〜近代の日本／大東亜戦争終戦〜

昭和天皇「これは命令ではない」

戦争は、はじめるよりも終えるほうがはるかに難しいといわれます。大東亜戦争の終戦外交史を読み直して、そのことを改めて実感します。一歩間違えば、日本は完全なる廃墟と化していたし、私自身の命もなかったかもしれない。日本はほんとうに危ういところで、首の皮一枚で生き延びたのです。

一九四五年（昭和二十年）の春には、戦局は誰の目にも明らかになっていました。前年のサイパン陥落以来、制空権を掌握した米軍は、日本本土を直接空襲することができるようになっていました。三月十日には東京大空襲があり、一夜にして十万人が焼け死にました。東京の下町の広い範囲が焼け野原となりました。四月、米軍は沖縄本島に上陸し、住民を巻き込んだ血みどろの戦闘がはじまります。五月、ヨーロッパ戦線ではドイツが無条件降伏しました。六月には、沖縄戦の帰趨《きすう》がはっきりしました。

こうしたなかで、終戦へのイニシアティブを取ったのは、昭和天皇でした。六月二十二日、天皇は最高戦争指導会議の六人のメンバーを招いて、私的な懇談《こんだん》を行いました。そのなかで天皇は「これは命令ではない」としたうえで、「本土決戦に万全の準備を整えねばならぬのはもちろんのことだが、他面、戦争の終結についても、従来の観念にとらわれることなく、速やかに具体的研究をとげ、これの実現に努力せよ」とおおせられました。

皇居に招かれたのは、鈴木貫太郎首相、東郷茂徳外相、阿南惟幾《あなみこれちか》陸相、米内光政《よないみつまさ》海相、梅津美治郎《うめづよしじろう》参謀総長、豊田副武《とよだそえむ》軍令部総長の六人。天皇が「これは命令ではない」とされたのには、もちろん理由があります。明治憲法体制のもとでは、形式的には天皇に統治の大権が集約されていましたが、その行使にあたっては国務大臣の輔弼《ほひつ》を得ることになっていました。

つまり天皇は専制君主のように自らのご意思で政治を行うのではなく、たとえご自身のご意思に反する場合でも、内閣の決定については最終的には裁可を与えなければならない立憲君主の立場にありました。だから天皇自身のご意思は、こうした私的な形をとって表明されるよりほかはなかったのです。

とはいえ君主である以上、天皇自身のご意思も政策決定にあたっての重要なファクターであったことは間違いありません。じっさい鈴木首相は、「きょうは陛下から、われわれが申したくも言うことをはばかられるようなことを率直におおせられた。誠にありがたいことである」との感想を周囲にもらしています。

しかし、その後の経過を見ると、七月二十六日に発表されたポツダム宣言の受諾をめぐって閣内の意見が分かれます。阿南陸相は、「死中に活を求め、一億玉砕を覚悟で、本土決戦をすべきである」として終戦に反対しました。その主張は、八月六日の広島への原爆投下後に開かれた九日深夜の御前会議でも、十四日午前に再度開かれた御前会議でも、終始一貫して変わりませんでした。

阿南惟幾　最後まで戦争継続を訴えた阿南惟幾。8月15日早朝、切腹してこの世を去った。

この二回の御前会議で、昭和天皇は二度にわたってポツダム宣言受諾による終戦の聖断を下されました。聖断を下さなければならないほど、閣内の意見が割れたのは、阿南陸相が一貫して終戦に反対する強い主張を行ったからにほかなりません。

ところで阿南自身はかつて侍従武官として天皇のおそばに仕えたこともあり、人一倍、天皇に対する忠誠の念の篤い人物でした。しかも天皇の終戦にかける堅いご意思は、わかりすぎるほどわかっていたはずです。そこで疑問が生じます。

【阿南陸相は、昭和天皇のご意思をよく知りながら、最後の最後まで終戦に反対し続けたのはなぜか】

昭和の戦争をどう教えるか

私たちは、歴史教育の改革をめざす取り組みを進めてきました。そのひとつは、「新しい歴史教科書をつくる会」の活動です。これは、従来の反日的・自虐的な教科書にかわって、まともな教科書をつくり、使うようにしようとする運動です。

もうひとつは、じっさいの授業のなかで、子どもに自国の歴史をわがこととして学べるような授業の内容と方法を提起することです。後者の仕事の組織的な母体となってきたのは、私が代表をつとめる「自由主義史観研究会」（二〇一五年、「授業づくりＪＡＰＡＮ」に改称）です。会は発足以来八年目にして、ようやく、日本の歴史の全体構成を視野に入れた授業の骨格を提案できるようになりました。その成果は、齋藤武夫著『学校でまなびたい歴史』（扶桑社）に盛られています。同書の内容は、「これこそまさに、日本人のための画期的な歴史授業である」との反響をいただいております。

しかし、そのなかで、私たちがまだ理論的にも実践的にも解決できない課題が残されています。それは、昭和前期の戦争をどう教えるかという問題です。長い日本の歴史上ではほとんど唯一、この時期に日本国家は重大な失敗をおかしたといえます。日本は三百五十万人の犠牲者を出し戦争に負けました。その結果、歴史上初めて七年余にわたる異民族の支配を受け、その後遺症は今日にまでおよんでいます。

しかし、だからといって、この時期の日本をあしざまに糾弾《きゅうだん》するような歴史を教えるのは正しくありません。かといって、日本のおかした過ちすべてにほおかむりするのも間違いです。子どもに自国への誇りを失わないようにしながら、歴史の真実を教えるにはどうしたらよいか。これが、私たちの実践上の研究課題です。

私たちの議論のひとつの到達点は、「誰か個人なり組織なりを悪玉と決めつけて歴史を説明するのは避けるべきだ」ということでした。そういう議論の文脈のなかで出てきたのが、先に【 】でくくった疑問を授業で取り上げることができるのではないか、という問題提起でした。そこで以下、この問題について私が調べ、考えたことを述べることにします。

迫水書記官長の回顧談

雑誌『正論』の二〇〇三年九月号に、迫水久常《さこみずひさつね》「終戦の真相」という文章が載っています。迫水は鈴木内閣の書記官長であり、内閣の実務の要として終戦という大事業を成し遂げた中心人物のひとりです。その迫水が戦後、当時の状況を回顧して語った講演の記録が先述の雑誌の記事なのです。このなかで迫水は、先の設問の回答となるようなことを、次のように語っています。

「当時の陸軍の状況から申しますと若《も》し阿南さんが終戦に賛成されたら、必ず部下に殺されていたと思います。若し阿南さんが殺されたら内閣としては、陸軍大臣を補充しなければなりません。当時の陸軍大臣は陸軍の現役大・中将ということになって居りましたので、その補充について軍が承諾しない限り出来ないのであります。若し陸軍大臣を補充出来なければ、鈴木内閣は総辞職する外ありません。あの場合、鈴木内閣が総辞職したらどうなりますか。終戦は出来なかったでしょう。阿南さんはこのことを知って命を保って、鈴木内閣をして終戦を実現させるために、あの腹芸をされたのです。若し心から終戦反対なら辞職されて了《しま》えばやはり鈴木内閣はつぶれて終戦は出来なかったでしょう。私は心から阿南さんを尊敬します。東京多摩には大将の墓地がありますが、お参りする毎に私は抱きついてお礼を申し上げ度い気が致します」

じっさい阿南は閣議等の場で終始一貫、徹底抗戦論を主張しながらも、最後まで辞職することなく、ご聖断を受けた閣議決定に従い、十四日の夜、他の閣僚とともに粛々《しゅくしゅく》と終戦の詔書に副署（署名）しました。全閣僚の副署がなければ、閣議の決定は法的に成立せず、その決定は国家意思とはならないのです。副署を終えた阿南は十五日早朝、「一死以《もっ》て大罪を謝し奉る」という書を残して割腹自殺を遂げました。阿南の自死は、全陸軍が終戦を受け入れるうえで大きな役割を果たしたことも疑いありません。阿南陸相はまさに自分の命をかけて終戦を実現させ、日本を破滅から救った立役者のひとりだといえるのです。

阿南の行動についての四つの説

しかし、こうした解釈に疑問を呈する人びともいます。阿南は腹芸をしていたのではなく、心から本土決戦をやりたかったのだ、というものです。そのほかにも、さまざまな解釈があります。阿南の伝記『一死、大罪を謝す』（新潮社、一九八〇年）の中で、著者の角田房子氏は、終戦時の阿南の行動の解釈を、次の四つの説にまとめています。

（1）**一撃説**　本土決戦で敵に一撃を与えて日本の発言力を強め、国体護持その他の条件を認めさせて終戦に導こうとした。

（2）**腹芸説**　本心では本土決戦を否定しながらも、陸軍の暴発（内乱、暴動など）による国家の致命傷を防ぐため、部内の強硬派に対するジェスチャーとして本土決戦を主張し続け、無血終戦を成し遂げた。
（3）**気迷い説**　ポツダム宣言を受諾して戦争を終結させるべきか、あくまで本土決戦を目指して進むべきか、そのいずれとも決しかねて迷い続けた。
（4）**徹底抗戦説**　日本国民の最後の一人まで闘うべきだと主張した。

左翼系の歴史学者の書いた通史のほとんどは、徹底抗戦説を説いた帝国陸軍の軍人にふさわしい、石頭で狂信的な人物として阿南を描いています。だから多くの日本人もたぶん、このようなイメージをもたされているだろうと考えられます。個々の人間を所属する組織や階級の代表見本としてしか見ないマルクス主義歴史学流の、この浅薄な説はここでは検討の対象から除外しておきたいと思います。

「腹芸説」への反証

すると残るのは、他の三つの説です。このうち阿南が表向きじっさいに主張したのは、一撃説でした。腹芸説の側からは、それはけっして阿南の本心ではなく、陸軍内部の中堅将校を中心とする徹底抗戦派に対する見せかけの演技だったということになるわけです。しかし当の中堅将校のなかには、この説に対する強い反発があります。腹芸説によれば彼らはみな、阿南の演技にだまされていたことになります。さまざまな機会に阿南に接し、その言動に触れてきた人々からすれば、阿南が本心にないことを主張したとはとうてい思えないでしょう。

たとえば阿南の義弟にあたる竹下正彦中佐（当時軍務課内政班長）は、次のように書いています。

「阿南は、いわゆる徹底抗戦派とも見られていた少壮将校から敬愛と信頼を寄せられていたので、これに対し特別のゼスチュアを示す必要はあまりなかったし、閣僚や御前会議における強硬主張は、何よりも、本人自身の信念に発していると私は信ずるからである。それはまた当然われわれの期待を裏切らなかったのである」（『軍事史学』一九六七年八月号、竹下正彦稿。秦郁彦『昭和史の謎を追う・下』文藝春秋、一九九三年、より重引）。

自決の場に立ち会い、阿南と酒を酌み交わした竹下は、阿南が「米内を斬れ」と口走ったと証言しています。これについては、米内海相が歩調をそろえなかったので、陸軍と海軍の協調が成立しなかったことへの不満が酒の勢いで口をついて出たと解釈されているといいます。腹芸説に対するこうした反証を紹介しつつ、歴史家の秦郁彦氏は前掲書で、「終戦は、天皇と陸相の二つの意思力の激しいぶつかりあいだったが、天皇の捨て身の気迫がわずかに阿南と陸軍を圧倒し、勝敗はきわどいバランスで決まった」と総括し、阿南自身の信条については、「阿南は最後まで『聖断』の論理に納得できず、『国体護持』の前途を悲観しつつ痛憤の死をとげたのではないか」という解釈を述べています。

一方で、秦氏自身が述べているとおり、「阿南の言動だけをたどっていくと、いずれの解釈でも成り立つ材料にこと欠かない」ともいえるのです（秦郁彦『昭和天皇五つの決断』文春文庫、一九九四年）。

抗戦派将校の暴発を抑える演技？

角田氏の前掲書は、全体が終戦時の阿南の心理をぎりぎりまで検証する目的で書かれたような伝記であり、その結論はほぼ腹芸説に近いものになっています。歴史家と文学者では視点や著作の目的が異なりますが、角田氏も文献と関係者の証言を集めて、公平な目で判断と結論を下そうとしており、けっして単なる心情論で書いているわけではありません。秦氏の一論文と角田氏の一書は、分量のうえで大きな差があり、直接比較することはできませんし、当然ながら角田氏が提示している腹芸説の証拠のほうが量が豊富にそろっています。たとえば、阿南腹芸説をもっとも強く主張する迫水書記官長は、昭和三十四年に開かれた「阿南陸相追悼会」で次のような証言をしています。

八月十三日午後の閣議において、閣僚の大部分が終戦に賛成し、阿南陸相だけが終戦反対の立場をとるので、なんとか阿南を説得しようという空気になっていた。大臣は席を立って、閣議室の隣の部屋に出て行った。そのとき、部屋の隅にいた迫水書記官長に「一緒に」という合図をしたので、迫水も隣室に出て行った。すると阿南は電話を取り上げて、電話の向こうの相手に向かって次のように言ったというのである。

「閣議においては、諸君の意向が逐次閣僚のみなの人に了解されつつある。こういうような状況では、諸君の意向が閣議において了解される希望も充分あるから、諸君はしばらく待っておるように、自分が帰るまで静かにしておるように」

閣議のじっさいの状況がまったく反対の方向に向かっているのに、どうしてこういう電話をかけ、その現場に迫水を立ち会わせたのでしょうか。これは、抗戦派将校の暴発を抑えるためという以外に考えようがありません。この電話は阿南がいかに部下の暴発抑止に腐心していたかを語っています。迫水が阿南の腹芸を確信するようになったのも当然です。真相はどこにあるのでしょうか。

私は、両氏が示した材料以外の判断材料をなにかもち合わせているわけではありません。ただ、私の視点から問題の本質を整理してみたいのです。

誠に興味深いのは、四つの解釈がそれぞれ解釈者の立場・視点に強く関連しているという事実です。徹底抗戦説が、日本軍国主義を糾弾する歴史観の人に都合のよい阿南像であることはいうまでもありません。

また抗戦派の将校が、阿南を自分たちの味方であると信じたのは理解できることです。他方、終戦という困難な事業をなんとかなし遂げようとして腐心していた迫水や他の終戦派閣僚にとっては、腹芸説になるのは自然です。そして陸相秘書官という公的な立場で常に阿南のそばにいて、いろいろな場面での言動に接する機会のあった林三郎が気迷い説を主張するのも、もっともだといえるでしょう。人物評価とは半ば以上、評価する側の主体の特質の投影であるのかもしれません。

終戦を実現させた功績と秩序感覚の大切さ

ここで第一に問われるべきは、阿南自身の内面よりも最終的にとった行動であり、その客観的な効果であると私は思います。彼の行動の客観的な効果は、まぎれもなく、六百万人の大日本帝国陸軍が粛々として武器を置き、解体されていったという事実です。近代国家の軍隊として創設以来、不敗神話にとりつかれ、とくに二・二六事件以後、「第二の政府」として強力な政治的発言権を行使してきた陸軍を、ポツダム宣言に従って解体するということが、いかに難事業であったかは計り知れないことです。阿南がとったこの行動の意味に比べれば、阿南自身が最後まで本土決戦を望んでいたか、それともある時点から終戦をなんとか実現しようと考えていたかは二義的な問題となります。

私の個人的な感触としては、阿南は米軍を相手に日本本土で最後の一戦をたたかいたかったのではないかと想像します。その点では、秦氏の解釈のほうに近い。わずかでも勝てる可能性があるかもしれないと彼は思っていただろうし、その点では当時の陸軍の幹部の平均的な認識を大きく超えていたわけではないと私は思います。だから、阿南が閣議などで最後まで本土決戦を主張したのは、そのかぎりでは演技でもなんでもなかったのでしょう。しかし、だからこそ効果としては、腹芸を演じたのと同じ結果になったのではないでしょうか。阿南が下僚と思いを共有していたからこそ、もっとも効果的に下僚の暴発を抑えることに成功したともいえるのです。

陸軍大臣阿南惟幾が、このように大きな歴史的役割を演じることができた最大の資質はなんだろうかと私は考えます。それは阿南の、法の支配に服する秩序感覚だったと思われます。二・二六事件ののち、陸軍幼年学校の校長であった阿南は、「農村の救済を唱え、政治の改革を叫ばんとする者は、まず軍服を脱ぎ、しかる後に行え」といつにない強い口調で生徒に諭《さと》したとのことです。この訓話は、当時の生徒にとってもっとも強い印象を残しました。

自由主義史観研究会の助言者として多大の貢献をしてくださった陸士53期・岩田義泰さんは当時、陸軍幼年学校の生徒としてこの訓話に接しています。岩田さんは、まさに校長のおっしゃるとおりであると、胸に落ちたと語っています。

また、阿南は歴史学者平泉澄《ひらいずみきよし》の支持者であったと伝えられていますが、三男惟敬氏（元防衛大学校教授）は次のように書いています。

「私が平泉先生の薫陶《くんとう》を受けてから、父と議論したことがありました。父は『平泉先生は〈道は法に超越す〉と説かれるが、私は反対である。法は不変なものではないが、世にそれが生きている間は、法が絶対である』と強い信念を込めて言いました。これは父が五・一五事件や二・二六事件に対してはっきり否定の態度をとり得た精神の基盤でした」

クーデターを起こした青年将校の政治的主張には、もちろん一片の真実が含まれていたでしょう。だからといって法秩序を侵犯し、大臣を殺害することは決して正当化されません。

「わが屍を越えてゆけ」

八月十四日正午過ぎ、最後の御前会議を終えて陸軍省に帰ってきた阿南は全幹部を招集し、聖断が下された経過を説明し、「この上はただただ大御心のままに進むほかはない」と訓示しました。

「大臣の決心変更の理由をおうかがいしたい」との下僚の問いに答えて阿南は言いました。

「陛下はこの阿南に対し、お前の気持ちはよくわかる。苦しかろうが我慢してくれ、と涙を流しておおせられた。自分としてはもはやこれ以上反対を申し上げることはできない」そして、「聖断は下ったのである。いまはそれに従うばかりである。不服の者は自分の屍を越えてゆけ」と阿南は言い放ったのです。

【阿南陸相は、昭和天皇のご意思をよく知りながら、最後の最後まで終戦に反対し続けたのはなぜか。】

この設問は意外に奥行きの深い、すぐれた教育的問いになる可能性がある、と私は思っています。

第七講

条約で読む近代日本の苦難

～近代の日本／幕末・大東亜戦争・昭和後期～

ペリー来航の目的は捕鯨船の保護

二〇一四年八月に、『条約で読む日本の近現代史』（祥伝社新書）という本を出しました。この本は私が編著者で、自由主義史観研究会との共著です。

この本をなぜ出版したかといいますと、中学校の歴史教科書に、たくさんの条約や、条約に準じる共同声明などの外交文書が出てくるのですが、いまひとつ内容がよくわからない。たとえば日米和親条約の条文がどうなっているのかということについて、その中身をちゃんと読む機会がなかなかないのです。ですから教科書に書いてあるから、あるいは先生が言ったから、だいたいそういう内容だろうという耳学問や受け売りになっていて、肝心の元のデータにあたるものがありません。

これではうまくないなあということで、わかりやすい条約の本がないだろうかと探しました。ところが専門的で難しい資料集や、いいたいことだけをとりあげて断片的に紹介したものはあるのですが、全文をちゃんと読み取ることができて、さらにその時代背景や、その条約によって歴史がどのように影響を受け、歴史が形づくられていったかということをわかりやすく書いた本がありません。

それで、いっそのこと自分たちでやろうじゃないかということになって、つくったのがこの本です。これは歴史を学ぶ中学生以上の人たち、あるいは歴史を教える学校の先生に参考にしていただきたいと思っています。

私は、編著者という立場なので、その本に取り上げられた二十三本の条約のうち、最初と最後と真ん中を担当しました。最初は一八五四年の「日米和親条約」、真ん中は一九四一年の「日ソ中立条約」、最後が「日中共同声明」で一九七二年のものです。奇しくも対アメリカ、対ソ連、対中国という三つの大国を相手にした条約となりました。そこでその三つの条約のお話をしてみたいと思います。

一八五三年七月八日、アメリカのペリーに率いられた艦隊が浦賀にやって来ました。この日付は太陽暦（西暦）です。和暦ですと嘉永六年六月三日になります。約一か月のズレがありますが、日本の暦は太陰太陽暦といって、太陽の一年の周期を基準にしながら、一か月の刻みは月齢で決めていました。それで一か月以上ズレが大きくなると閏月《うるうつき》を用いて季節と大きくズレないように調整していました。

さてペリーが四隻の黒船で浦賀にやってきました。ちなみに黒船というのは、外壁にタールを塗っていたからです。ペリーは日本側を威嚇して開国させる要求をしてきたのです

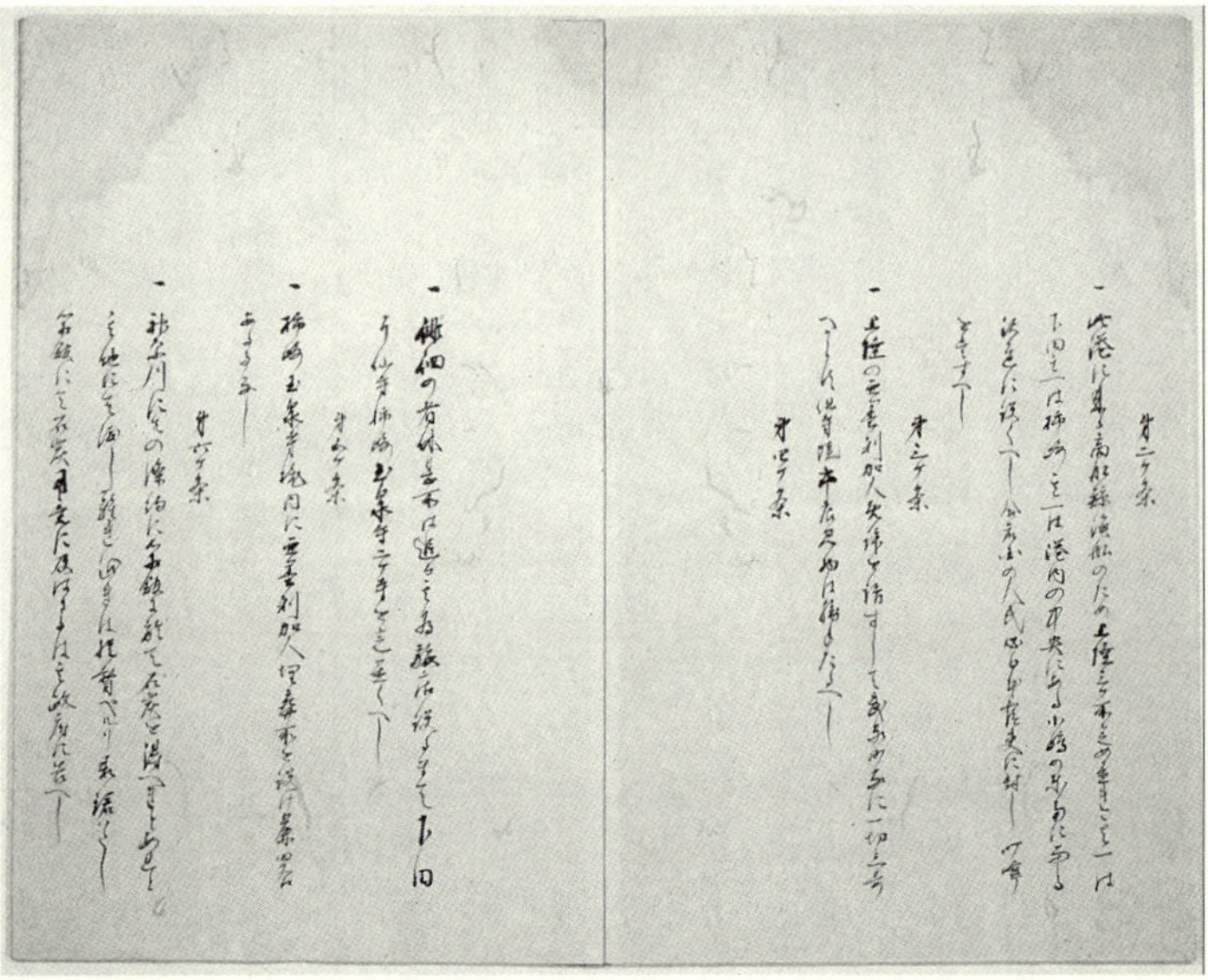

日米和親条約　日米和親条約の日本語版原文。この条約により下田と箱館（現・函館）が開港。幕府の鎖国体制が終焉を迎えた。（国立国会図書館蔵）

が、いったん戻って、翌年再び、今度は七隻の黒船でやってきました。それが一八五四年二月十三日（嘉永七年一月十六日）のことです。

　そして幕府と交渉した結果、三月三十一日に日米和親条約を調印しました。これが日米関係史百六十年の幕開けになります。同時に、この条約の締結は日本の近代史の幕開けでもあり、近代国際法秩序に日本が組み込まれていった転換点で、もっというなら弱肉強食の苛烈な世界史のパワーゲームのなかに、日本がなげこまれた時期でもあったわけです。

　ペリーが日本にやってきた目的は二つありました。そのひとつは捕鯨船の保護です。アメリカでは捕鯨業が十九世紀に入ってからたいへんさかんになり、北大西洋で操業していました。戦後のアメリカは日本の捕鯨にいちゃもんをつけて、いろいろなことをいって日本に捕鯨をさせないようにしてきていますが、あれはまことに偽善です。彼らはかつて盛大に捕鯨業をやっていたのです。

アメリカはベトナム戦争で枯葉作戦を行って大きな自然破壊をもたらしました。このことが世界的に世論の指弾を受けました。それをそらすために、ストックホルムで行われた国連人間環境会議でアメリカは、日本の捕鯨のことを対抗的にもちだして騒いだのです。それがことの発端で、はなはだ汚い話です。

彼らは北大西洋のクジラを獲りつくしてしまったので、仕方なく十九世紀の中頃、捕鯨業の場所を大西洋から北太平洋に変えました。彼らは船団を組み、一～二年くらい操業して、船底いっぱいの樽に獲ったものを詰めて帰って行きました。アメリカの北太平洋の捕鯨業は非常に盛んなものとなり、最盛期には約一万人のアメリカ人が北太平洋で捕鯨業に従事していたといわれています。

では捕鯨船は、クジラのなにをとっていたかというと、鯨油です。われわれ日本人はクジラの肉を昔から食べていましたし、クジラを捕獲するとそのすべてを役立てようとしましたが、アメリカ人にはクジラの肉を食べるという習慣はまったくありません。彼らはとくに上質とされたマッコウクジラの鯨油を採取し、鯨油以外の肉は全部捨てていました。小笠原あたりの孤島にたどり着いた漂流者が、そこで食料がなかったときに、沖合からプカプカとクジラの肉のかたまりが浮かんできて、それで助かったという話があります。

そんな具合で彼らは鯨肉には見向きもせず、肉は海に捨て、鯨油だけを収穫していました。では、なんのために彼らが鯨油をとっていたかというと、照明用の油にするためです。

当時のアメリカは、綿織物産業がさかんな勢いをもっていて、そのための大きな工場がつくられていました。資本の投下効率から昼夜兼行で操業したほうが速く資本が回収できます。彼らは夜の作業の明かりとりのためにランプを灯しました。ランプの油は、従来は動物の油を使っていたのですが、これだと匂いがきつくて衛生的にもよろしくありません。これに比べて鯨油は質が良いということで、鯨の油の大量需要が生じたわけです。このことをいいかえると、捕鯨業の隆盛は、アメリカの産業資本の要求を満たすためであったということになります。

けれど、もともとが灯油用ですから、石油が現れるとニーズがなくなります。アメリカで最初に油井が見つかったのは一八五九年です。ペンシルバニア州で発見されました。これは日米和親条約締結の五年後のことです。そして石油の発見によって、アメリカの捕鯨業はパタリと廃《すた》れていくわけです。

もうひとつの目的は太平洋航路

条約のもうひとつの目的は、アメリカが中国に物資を輸出するための船の航路を開拓しようとしたことです。どういうことかというと、当時イギリスとアメリカが中国市場をめぐって競争していました。そのためにはすこしでも安いものを大量に売りさばきたいのですが、太平洋は広くてアメリカから一気に海を渡れません。そこで大西洋周りでアフリカの南端の喜望峰をまわり、港に寄港しながら、インド洋を通って中国にたどり着きます。こうなるとアメリカは、大西洋を横断しなければならない分だけ海路が遠くなり、イギリスよりも交易条件が不利になるわけです。

加えてアメリカには植民地がありません。ですからあちこちの港に停泊するとき、イギリスの許可を得なければなりません。これもまた、アメリカにとって不利な条件となります。

ところが太平洋航路が開かれますと、アメリカはイギリスよりはるかに有利な立場を得ることができます。こうしたことからアメリカは、とくに石炭の供給を日本に求めました。太平洋横断航路の最大のネックは、石炭の確保だったからです。当時の船は、最大で一週間分くらいしか石炭を積み込めませんでした。これでは太平洋を横断できません。そこで日本に石炭の供給を求め、それができれば航路が開けると考えたわけです。

つまりペリー来航の目的の二つともが、じつはアメリカの産業資本の要求ということにつながっているわけです。

日本はなにに驚いたのか

このペリー来航に対して、戦後、連綿と続いてきた歴史教育のやり方があります。

「太平の眠りを覚ます上喜撰《じょうきせん》たった四杯《しはい》で夜も眠れず」

これはペリー来航のときの狂歌です。上喜撰というのは高級なお茶の名前です。これを黒船の蒸気船に掛けて、たった四杯のお茶を飲んだら眠れなくなったというわけです。

これは黒船が来たときに江戸の市中が大騒ぎになったことを茶化して詠んだ歌ですが、日本はアジアの片隅の遅れた国で、そこに西洋文明が黒船という巨大な姿をもって迫って来た、それを見て日本人は周章狼狽《しゅうしょうろうばい》した、幕府も慌てふためいたという話になっています。

この狂歌が定番の教材になりました。

しかし、この話は目の付けどころが間違っています。たしかに日本は驚きました。しかしそれは、単に「黒船が来たから驚いた」のではないのです。アメリカは、ペリーの前にビッドルという人をやはり黒船で日本に差し向けていますが、幕府は長崎に行ってくれと手なずけてしまっています。ビッドルはそれで目的を達成することができなかったのです。ですからペリーは相当の準備を整えて乗り込んできたのです。

ペリー来航に日本が驚いたのは、ペリーの船に驚いたのではありません。ペリーの船に積んであったものに驚いたのです。それが「ボンベ・カノン」という爆裂弾直射砲です。日本にも当時大砲はありましたが、砲丸投げのような鉄球を敵に向かって飛ばすものでした。

山口県の東行（高杉晋作）記念館に行くと、日本が幕末に持っていた大砲の弾と、欧米人が使い始めた大砲の弾を比較した展示があります。欧米の弾はなかに火薬が詰まっています。これが目標に到達して轟音とともに爆発して、ものすごい殺傷力を発揮して、人馬をなぎ倒します。すごい破壊力です。日本の砲弾との破壊力の差は千倍といわれています。

ペリーは、この爆裂弾直射砲を船に取りつけていたのです。軍事史のうえで、このアイディアを最初に考えついたのは、フランスの砲兵将校のアンリ＝ジョセフ・ペクサン

(Henri-Joseph Paixhans)という人物です。これをアメリカの軍艦に取りつけることを考え、実施したのがペリーです。

　ペリーはアメリカ海軍を立て直した大変な功績のある人です。そのペリーは黒船に、このボンベ・カノンという最新の強烈な破壊力をもった砲（別名ペクサン砲）を搭載しました。このことに、当時の日本人は驚いたのです。つまりこのとき日本人は「砲艦外交」がもたらす重大な意味を読み取ったのです。ペリーの黒船に幕府の役人が招かれて、船内を見学しました。このときに幕府の役人たちがペクサン砲を見つけて、それについてしゃべっていることをペリー艦隊の連中が聞き取って記録に残しています。ということは、幕府の役人がペクサン砲を知っていたということです。

　いま吉田松陰のテレビドラマをＮＨＫでやっていますが、彼は長崎でペクサンが書いたこの武器に関する本の漢文訳を読んでいます。当時の吉田松陰は二十一歳です。田舎の二十一歳の青年ですら、ペクサン砲を知っていたわけです。であれば、まして幕府の役人がペクサン砲を知っていてあたりまえです。日本人はそれだけものすごい情報をもっていたのです。ですからペリーがやってくることも事前に知っていたし、いまどこの港に寄っているかも知っていました。日本人が驚いたのは、黒船が来たということではなくて、そこにすごい性能の武器が搭載されているということを「確認した」ので、これはただごとではないという、ものすごい危機感をもったわけです。

このことがバネになり動機となって、日本の国の在り方を変えて対応しなければならないということになりました。そして明治維新という大改革を実現することにつながっていきます。

アメリカ西漸運動のイデオロギー

ペリー来航時の砲艦外交の意味を日本人はわかったのですが、その背後に、さらになにがあるのかまではよく知らなかったと思います。アメリカ人は、いったいどういう世界戦略で日本に乗り込んできているのか。これについて、最近では当時の時代背景がいろいろわかってきて、いまかなり研究が進んでいます。

いちばん中心になった人物は、ニューヨークに法律事務所をもっていたアーロン・パーマー（Aaron H. Palmer）です。アーロン・パーマーはいろいろな産業資本の要求から、ペリーに「日本に行け」とけしかけました。彼はいろいろな世論工作をし、いまでいうロビー活動も行い、議会も説得し、大統領も説得して、いわば「対日戦争計画書」のようなものをつくりました。このアーロン・パーマーを含めて、当時のアメリカ人を突き動かしていたのが、「マニフェスト・ディスティニー（Manifest Destiny）」という観念です。直訳すれば、明白な使命、明瞭なる運命となります。神から与えられた運命、もしくは宿命、あるいは神から与えられたわれわれの義務といった意味合いにもなります。そういったものをアメリカ人は、イデオロギーとして信奉したわけです。それによれば、われわれが西に進むことが、神によって命じられていることである、というのです。これを西漸運動《せいぜんうんどう》（Westward Movement）といいます。アメリカは東海岸から拓けて、十三州が連合した国をつくり、原住民のインディアンを次々に虐殺しながら、西へ西へと進んで行きました。幌馬車などで移動してきた開拓民たちは、ついに西海岸に到達しました。これが、一八四八年のカリフォルニアの簒奪《さんだつ》です。カリフォルニアはメキシコから奪い取ったものです。こうしてアメリカは領土を西へ西へと拡張してきて、西海岸にたどり着くと、こんどは太平洋を乗り越えて日本や中国を目指したわけです。

それで、このアメリカの世界戦略のもとに、次に日本に乗り込もうという世論工作が行われました。そして最新の装備を備えたペリーが、日本に開国を迫りました。

「残虐な日本人」というプロパガンダ

　このときにじつは、大きなプロパガンダが行われました。どういうことかというと、捕鯨船の船員が遭難するケースがしばしばありました。そのなかに、ローレンス号という捕鯨船が、一八四六年四月に北太平洋で遭難した事故がありました。この事故で生き残った七人の水夫が、千島列島の択捉《えとろふ》島に漂着します。その択捉島の代官所の役人が、どうしたものかと幕府に問い合わせました。

　幕府は、北の海はこれから荒れてたいへんだから春を待って長崎にその水夫たちを移送しなさい、そこからオランダ船を調達してインドネシアのバタビアに運んであげようといってきました。誠に寛大な措置です。それで、七人のうち一人は病気で亡くなりましたが、残りの六人がまさにそのルートを通って無事にアメリカに帰ることができたのです。ところがそのなかの一人で、二等航海士のジョージ・ハウ（Gerge How）という人物が帰国の途中で、シンガポールのストレーツ・タイムズという英字新聞に体験を語りました。一八四八年一月八日付の新聞に掲載されたその体験記を読んで、アメリカの世論が激昂《げきこう》したのです。

ハウは次のように語っています。

「十一か月もの長い間小屋に閉じ込められ一度も外出を許されなかった。毎日、米と魚と水を与えられ、ときにはサケと呼ばれるアルコールの一種を与えられた」

ここで、お酒まで振る舞われているわけですから、四人としての扱いとは違います。しかも「米と魚」です。当時の北海道では、お米などとれません。それをお米のご飯をさし上げて、魚のおかずまで付けて、さらにお酒まで振舞っているわけです。これは、どうみても客人としてのおもてなしです。けれどハウの話は、日本によるアメリカ人船員の虐待の話として受けとめられ、宣伝されました。

さらにある町では、「箱に押し込められて、蓋《ふた》まで閉められて、町のホールまで運ばれた」とのべています。この「箱」とは何でしょうか。籠《かご》です。籠に載せたのです。「蓋まで閉められた」といいますが、籠には、有蓋《ゆうがい》の籠と、無蓋の籠があります。蓋の付いた有蓋の籠は、身分の高い人、貴人を乗せる籠です。なんと日本人は、捕鯨船の漂流乗組員をこれほど丁重に扱い、高貴な人を乗せる籠に乗せたのです。ところが、こういう話をアーロン・パーマーたちは、日本攻撃のネタとして集めました。

また別の例ですが、一八四八年（嘉永元年）のアメリカ捕鯨船ラゴダ号事件というものがあります。これはろくでもない船員が反乱を起こして殺し合ったという事件です。これさえも日本の虐待のせいにして、あることないことを書きたてました。

アメリカはなにか行動を起こすときに、かならず人々の義憤を駆り立てるような事件を吹聴します。これがアメリカの典型的なやり口です。いつもそうです。湾岸戦争でも、イラク戦争でも、残虐話をでっちあげ、憎しみを駆り立てて世論をたきつけ、「行け～！」とやるわけです。

ですからペリーがやってきたのは、決して平和的友好的にやってきたわけではなくて、このような砲艦外交によって、力ずくで日本を屈服させるという目的でやってきたということがいえるわけです。

幕末外交官僚の評価

しかし、そうしたなかにあっても、日本の幕末の官僚はじつにたいへん優秀で真面目で一生懸命でした。幕府老中の阿部正弘などは下々の意見までしっかりと聞いた結果、幕府批判が起こって幕府衰亡の原因となったなどと書いた明治時代のジャーナリストの本もありますが、いまの時代からみると、あの時代の状況にあって阿部正弘は私は本当によくやったと思います。

日米和親条約の第十一条には、「当事国のどちらか一方が必要と考えたときには、下田に領事館を設置する」と書いてあります。英文では、「either of the two goverments」となっています。アメリカか日本のどちらか一か国が必要だと認めたときには、領事を置くことができるとなっています。ところが日本語の文章では「兩國政府に於て」とあり、両国が合意してと書いています。つまり「either of ~」ではなくて「A and B」としているのです。

これはどうも示し合わせてお互いの立場を了解したうえでやった可能性があります。条約の調印後、十八か月後にこの条約を発効するとなっています。一年半です。この十八か月のあいだに、阿部正弘が日本国内の世論を工作して、説得する時間をペリーが与えたのではないかと、ある研究者は推測しています。いろいろな意味で、日本は大きな危機に直面していたわけです。これを乗り越えてきたのが幕末以来の日本の歴史でした。このなかから私たちは、アメリカのやり口というものを学ぶことが大切であろうと思います。

ドイツを選んだ松岡外交

二つ目は日ソ中立条約です。今度はソ連の共産主義がかかわってきます。第二次世界大戦が始まったときから、話を始めます。

一九三九年九月一日に、ドイツがポーランドに侵攻しました。同時にソ連もポーランドに侵攻します。今では、ドイツとソ連がポーランドを分割するという密約を結んでいたことがはっきりとわかっています。「独ソ密約」といいます。ドイツがポーランドに侵攻したことで、ポーランドと同盟関係を結んでいたフランスとイギリスがドイツに宣戦布告をしました。こうして、第二次世界大戦が始まりました。

このとき、日本には三つの選択肢がありました。英仏側につくか、独ソ側につくか、中立を守るかです。ときの外務大臣は松岡洋右《まつおかようすけ》、総理大臣は近衛文麿《このえふみまろ》です。松岡洋右は、独ソの側につくということに踏み切りました。それで日独伊三国同盟ができあがります。

この頃のドイツは、たいへんな快進撃をしていました。パリ入城も華々しく行っていま す。このことで、ドイツがこれからのヨーロッパの中心になっていくのではないか、という幻想に幻惑された側面があったのでしょう。日本はすっかりドイツ熱に浮かされ、ヒトラーは立派だということになっていました。

そこで松岡洋右は、日独伊三国同盟を一九四〇年九月に結びます。そして一九四一年になると、今度はこの三国同盟にソ連を加えて「四国同盟」にしようという壮大な構想を、松岡洋右は思いつくのです。

松岡洋右という人はたいへん行動的な外務大臣で、みずからソ連やドイツに出かけていきました。彼は四国同盟を結ぶために、一九四一年三月から四月にかけて、まずソ連を訪問してスターリンおよびモロトフ外務大臣に会いました。

モロトフ、ヒトラー、スターリンに翻弄される

このときモロトフは、ロシアが日露戦争で彼らから見たら失った南樺太と千島列島を返せということをしつこく言うわけです。そんなことに日本は応じるわけにいきません。ところがこの話の内容を、アメリカの諜報機関が全部つかんでいました。この結果、アメリカは、ソ連は領土にこだわりがあるのだなということを知りました。アメリカは、一九四五年のヤルタ会談のときに、この領土問題をソ連にもちかけ、それを餌にしてソ連を対日参戦させることを認めさせています。アメリカの諜報機関の能力はすごいと思います。

その後、松岡洋右はドイツに行って、ヒトラーと会いました。松岡は「ハイル、マツオカ！」と盛大な歓迎を受けました。彼はたいへんよい気分になったと思いますが、ここで三国同盟にソ連を加えることについて、ヒトラーの後押しがほしかったのです。

けれどヒトラーは言を左右にして、その話に乗りません。このときヒトラーは、すでに二か月後に行われる対ソ侵攻作戦（バルバロッサ作戦）を決めていたのです。ヒトラーはそのことを松岡に一切いわずに、ただ「シンガポールのイギリスの基地を攻めたらどうか」といって、日本の南進政策をけしかけるだけでした。

結局、松岡はヒトラーの後押しが得られないままに再びソ連に戻り、モロトフと交渉します。松岡は実質的に日独伊プラスソ連という四つの国がアメリカに対抗して、ひとつのブロックをつくるということを目的としたのです。

しかし交渉はなかなか埒《らち》があかず、ソ連は「イエス」といいません。いよいよ時間切れとなって帰り仕度をしているときに、クレムリンのスターリンの秘書から連絡が入ります。

松岡洋右　国際連盟からの脱退、日独伊三国同盟と日ソ中立条約の締結など戦前戦中の外交のキーマンとして活躍した松岡洋右。極東国際軍事裁判でA級戦犯とされたが、公判中の1946年（昭和21年）に病死した。

急遽、松岡がクレムリンに駆けつけると、そこでわずか三十分の交渉の後、スターリンの鶴の一声でことが決まりました。

このように独裁国家は、相手に高く売りつけるために「焦《じ》らし戦術」をとります。毛沢東も同じです。ですから「ダメだ」といっておいて、最後にポンと相手と合意するというような演出がよく行われるのです。

四月十三日、日ソ中立条約の調印が行われ、祝宴の場が設定されました。このとき松岡洋右は、足取りが覚束ないほど酔っ払っています。おそらく松岡はウォッカなどの強い酒を飲まされたのでしょう。

スターリンは陽気に日本の一団に愛想を振りまき、日本の駐在武官に「これで日本も安心して南進できる」などといっています。この当時の日本は、南進か北進かという大きな選択を迫られていました。スターリンとしては、日本が南進してくれれば、ソ連に対する脅威がなくなります。それで、南進をけしかけたわけです。これは、「悪魔のささやき」といえます。

夕方六時、モスクワのヤロスラブリ駅。松岡ら日本代表団が帰りの列車を待っているとき、ハプニングが起こりました。スターリンがわざわざ見送りに来たのです。このために列車の発車は一時間も遅れました。スターリンは松岡の肩を抱き、「われわれは同じアジア人だ」などと耳元でささやきます。松岡はすっかりいい気分になって、日本に凱旋帰国をしました。

日ソ中立条約の三つのねらい

ですが、いったいこの日ソ中立条約というのは、なにを目的にしたものなのでしょうか。これをもう一度整理すると、次の三つのねらいがあったと思います。

ひとつ目は、「日独伊にソを加えて四国同盟にし、アメリカと対抗する」というものです。「アメリカと対抗する」というのは、アメリカと戦争するということではありません。その逆で四つの国がスクラムを組めば、アメリカといえども戦意を消失するであろう、という考えです。つまり平和のために、四つの国の同盟を結ぼうというのが、松岡の構想でした。

けれども、これはアメリカ人というものの性格を見誤っているというのが多くの研究者

スターリン　恐怖政治を続け、1953年に死去するまでその政治によって数千万人もの人々の命を奪った。

の指摘です。松岡洋右はアメリカで長く暮らし、英語もペラペラで、記憶力も抜群、頭のなかのさまざまな引き出しから知識を動員し、素早く論理を組み立て、それによって相手を説得するだけの弁舌ももった、ずば抜けた能力の持ち主でした。

その松岡は、下積みの頃に、アメリカで食堂の皿洗いなどを経験しています。このときに彼は、アメリカの下層の人たちとなにかをするときには、ケンカで「俺は強いのだ」ということを見せて、相手を屈服させることを経験したようです。

しかしアメリカの国を動かしているような人たちは、そうした下層の人たちではなくエリート層です。彼らは、腕っぷしでは屈服しません。アメリカの国益のために、堂々と武力を用いる人たちです。脅されたら屈服するというような、そんな人たちではないのです。むしろ松岡の外交によって、アメリカの戦意を駆り立てたという面さえもあったのです。

もっとも本当に四か国同盟ができて、しかもアメリカの戦力を上回ることがあれば、アメリカとしては手出ししにくくなったことも確かです。ところが軍事専門家の計算では、日独伊の三国の軍事力にロシアの海軍力を加えても、アメリカとその同盟国の武力を上回ることはできません。そういう意味では、この四か国同盟という構想自体が、はなはだ根拠に欠け、空想的だったといえるかと思います。

二つ目の目的は、「南方進出の背後を脅かされないようにする」ことです。日本とソ連が中立条約を結べば、日本が資源を求めて東南アジアに進出するときに、北の背後を気にする必要がなくなります。これは絶対的に心配はないということではありませんが、すくなくとも狙いとしては、成り立ちます。この二つ目の目的は、ある程度達成されたといってよいと思います。ただ南進政策が国家戦略として正しいかどうかは、まったく別の問題です。そこが間違っていれば、もともと前提が違っていることになります。私は正しくなかったと思います。

三つ目の目的。当時の日本は支那事変に手を焼いていました。本当なら簡単に終わるはずのところが、戦いがダラダラと長く続き泥沼にはまりこんでいました。その最大の理由は、蔣介石にソ連やアメリカなどのいろいろな国が援助を与えていたからです。援助がある限り蔣介石は潰れません。中国大陸における戦いを日本は一刻も早く止めたかったわけですから、日本は諸外国の蔣介石への援助を停止させたい。そこでモスクワからの蔣介石への援助を止めさせようというのが三つ目の狙いです。

スターリンには、それがわかっています。ですからちょっとだけは蔣介石への援助を止めるポーズをとりました。しかし、ちょっとのあいだでした。その後は、さらに巨大な援助を与えています。ですから、これもまた目的を達成できなかったことになります。

松岡の対ソ侵攻論

さて南進論、北進論というのは、伝統的に日本の国家戦略の大テーマでした。伝統的には日本の陸軍は北進論が強かったのです。ソ連の共産主義を倒すことが、中心的なテーマでした。これに対して南進論は、東南アジアに資源を求めようという論ですが、これはそこを植民地支配しているアメリカ、イギリス、フランス、オランダなどとぶつかることになるわけです。

私は十五年ほど前、アセアン(東南アジア諸国連合)という国際機関をつくったリーダーのひとりで、マレーシアの元外務大臣のガザリー・シャフェーという方にお会いしたことがあります。彼はそのとき、「日本は順序を間違えた。先に北進してから南進すべきだった」とおっしゃっていました。

当時の近衛内閣では南進論の空気がどんどん強くなっていました。これはゾルゲというスパイの工作もひとつの大きなファクターでした。ゾルゲは情報を取るだけでなく、ある程度日本政府の政策選択に影響を与えようとしていたのです。

このような情況のなかで日ソ中立条約が結ばれ、そのわずか二か月後には、ドイツが電撃的にソ連に侵攻するわけです。ソ連とドイツは不可侵条約を結んでいたわけですから、それをまったく無視して、ドイツが一方的にソ連に侵攻したわけです。独ソ戦争のはじまりです。

こうなると、もう松岡の構想なんて吹っ飛んでしまいます。四国同盟などという案は、完全に破たんしてしまいました。

ドイツからは、日独伊三国同盟を根拠にして日本も対ソ戦に参加してくれという要請が来ました。これは当然のことです。一方、ソ連からは、日ソ中立条約を守ってくれという要請が来ました。これまた当然のことです。さて、どうしたらいいかというときに、日本の政府は意見が二つに分かれます。ドイツと組んでソ連と戦う（北進）か、それとも南進政策に転換するかということになったわけです。

松岡洋右はたった二か月前にスターリンと日ソ中立条約を結んできたばかりであるにもかかわらず、手のひらを返したように、日ソ中立条約を無視して、いまこそソ連を攻めるべきだと主張しました。これに対し近衛文麿などは、それはあんまりだといいました。みなさんはどう思われるでしょうか。

「北進か南進か」政策選択の授業

これはたいへん深刻であり、かつおもしろいテーマです。このことを授業にした先生がいます。それが自由主義史観研究会の同志の齋藤武夫先生です。この研究会は現在改組して、「授業づくりJAPAN」という、授業づくりに特化した組織になりました。代表は私が引き続き務めています。この「授業づくりJAPAN」は、ネットを通じて展開していきます。無料のメルマガも出していますのでぜひ登録してみてください。

この「授業づくりJAPAN」のメルマガで発信された記事のひとつで、齋藤武夫先生の「第二次世界大戦始まる。北進か南進か」という授業をご紹介しようと思います。

これは中学二年生に行った授業です。二学級で授業をして、なんと南進論派が二十四名、北進論派が二十九名だったそうです。ほんとうに拮抗《きっこう》しています。どれだけ政策選択が難しい問題かということです。

しかし子供たちがとてもいろいろ考えて、政策を選択し、その意味づけをしていることに、私はたいへん驚きましたし、中学生でもこのような適切な課題を与えれば、こういうことを考えられるのだと、心強く思いました。

まず南進論派の意見を見てみましょう。

「私は南進が正しいと思います。理由は、北進でソ連を攻めればはさみうちで勝てるかもしれませんが、いつ裏切るかわからない国（ドイツ）と力を合わせるのは危ないと思う。それに日本はいま中国との戦争を終わらせるのが一番重要だと思う。松岡さんはドイツに裏切られて、作戦を変更せざるを得ないので、けっこう無理矢理な考えになっているのではないか？」

「私は南進です。たしかに共産主義は敵ですが、ドイツも共産主義と同じです。はさみうちでソ連に勝てたとしても、その後日本はドイツとやっていけるでしょうか？中国との戦争を終わらせるのが先です」

次に北進論派を見てみます。

「私は北進です。ドイツは信用できないけど、共産主義にふりまわされてきたのも確かだし、イギリスとアメリカを敵に回すのは良くないと思うからです。中国への援助を断ち切る方法は戦争だけじゃないと思います。植民地解放は日本の最重要な課題ではないと考えるからです」

「私は北進派です。南進は理想主義かなと思います。植民地解放をめざして敵を増やしてもどうかと思います。植民地の人も日本と同じように努力して独立すべきです」

「私は北進を選びます。なぜかというと、南進はアメリカ、イギリスと本気で戦わなければならないからです。そうすると日本という国が弱くなり、日本が恐れている共産主義になる可能性があります」

なかなかいろいろなことを考えていて、たいへん素晴らしいと思いました。齋藤先生は、なんの結論も出さずに授業を終えていますが、生徒の感想を紹介させていただきましたので、私の感想も述べてみたいと思います。

松岡案は世界標準

私は北進論をとっていれば、スターリンのソ連共産主義は崩壊していた可能性がきわめて高いと思います。じっさいには日本は南進論をとりました。七月二日の御前会議で「帝国国策要綱」というものを決定します。これは極秘中の極秘決定なのですが、ここで南進策を決定したのです。そこには「南方進出の態勢を強化す。帝国は本号目的達成の為対英米戦を辞せず」と書いてあります。これをゾルゲがただちにスターリンに通報します。

知らせを受けたスターリンは極東から狙撃師団三個師団、戦車師団二個師団をモスクワ防衛に転用しました。そういう戦力の配置転換ができたので、ソ連はドイツを撃退することができました。これもまたたいへんな苦労をして撃退したのですが、もし日本がドイツの要請を受けて対ソ戦に参戦していれば、ソ連はやはりもたなかったでしょう。ソ連を生き延びさせてしまったことが二十世紀の人類にとって大きな負債となりました。

松岡洋右の行動は日本人の基準から見ると、まったくめちゃくちゃな人格異常と見られます。しかし松岡の行動は国際標準ではあたりまえのことです。中立条約を結んだからといったところで、そのようなものに絶対的に縛られることはないからです。げんにドイツもそれを破ってソ連に攻め込みましたし、ソ連も条約を破って終戦間近に満州・樺太で日本に攻め込んでいます。このように考えますと、中立条約があろうとなかろうと、国益のためにはなんでもするというのが国際社会の現実であるということがわかります。

松岡洋右がとった行動は、当時の諸外国並みの行動です。ところが日本人は相手国と条約を結ぶと、それを誠実に守ることが良いことと考えます。日本人として一人前になることとは、ウソをつかない、約束を守る、誠実に相手と対峙するということです。こちらが誠実に対処すれば、相手も誠実になるに違いないと考える。これが立派な日本人の在り方、標準的な日本人の在り方です。だから外交にもそれが現れます。

しかし外国ではどうなっているかというと、国益のためにはそんなものはどうでも良いのです。国益こそ唯一の基準であり、そのためには相手の国を騙そうが嘘をつこうが、なんでもありです。条約などはたかが道具です。こういう文化的なギャップがありますから、日本は必ず外国との交渉で不利な立場に立たされます。これは日本のもつ宿命のようなものです。

昭和天皇は日ソ中立条約を破ってはならないとおっしゃいました。それも、まさに日本人的な真面目さと誠実さのあらわれです。たったいま結んできたばかりの条約を破ってソ連に侵攻するなどということは誠実な日本人にはなかなかできません。松岡洋右だけが飛び抜けた国際標準の政治家で、他の国家指導者はみな、純粋に日本人的なお人好しです。けれど、このときに松岡洋右が国家指導者のグループのなかで多数派になる可能性は、おそらくなかったことでしょう。松岡洋右の意見が通っていれば、世界史はまったく違った方向に進んだ可能性があります。そこが日本の外交の悲しいところです。私は松岡洋右は再評価されるべきであると思っています。歴史の本を見ると、松岡洋右は悪い人、幣原喜《き》重郎《じゅうろう》は良い人と書いています。幣原《しではら》喜重郎の宥和《ゆうわ》政策、友愛政策は良くて、松岡洋右の武断的政治は良くないという対比で書かれたりしています。これこそ単純な話で、まさに戦後レジームのなかでのみ物事を見た結果です。そういうことに私たちはとらわれずに、日本に、そして世界にとってなにが良かったのかという観点から、歴史を研究すべきではないかと思います。

日ソ中立条約は、いろいろなことを考えさせてくれる大きなテーマであると思います。

田中「迷惑」謝罪事件の真相

最後にとり上げるテーマは日中共同声明です。これは日中国交回復のための声明で、一九七二年（昭和四十七年）に出されました。

ことの起こりは一九七一年に、アメリカのニクソン大統領が中国を訪問するということを、テレビでいきなり公表したことです。同盟国の日本には一言の挨拶もなんの相談もなく、世紀の政策転換をアメリカは勝手に行ったわけです。日本は、これにはびっくり仰天しました。これを「ニクソン・ショック」といいます。

ちょうどその頃、中国の国連代表権問題というものがありました。台湾が正当な中国の政府なのか、共産中国が正統な政府なのかという問題で、国連の代表権が台湾から中国に移りました。そうしたなかで一九七二年二月、じっさいにニクソンが訪中します。

田中角栄は当時、次の政権を狙っていました。彼はこの日中国交回復問題を自分の政権獲得の大きな材料にしようと考えました。それで福田赳夫との総裁選挙で勝利すると、七月七日に田中内閣が発足します。田中はただちに動き、大平外務大臣をともなって九月二十五日に中国を訪問します。そして五日間の緊迫した首脳会談の後、九月二十九日に日中共同声明に調印しました。

この日中首脳会談には、さまざまなエピソードがあります。そのなかのひとつに田中角栄の晩餐会でのスピーチがあります。このスピーチの中で田中は、「過去数十年にわたって、わが国が中国国民に多大のご迷惑をおかけしたことについて、私は改めて深い反省の念を表明するものであります」と述べました。これを聞いて周恩来が固まりました。「ご迷惑」という言葉は、中国語に訳すと「女性のスカートにコーヒーをちょっとこぼしてしまった被害についていう言葉」だからです。それで「これは失礼だ」ということで、周恩来はカンカンに怒りました。その剣幕に怖れて宿舎に帰った大平は、どうしようかと田中角栄に泣きついたという話があります。

しかし、ここにひとつ奇妙なことがあります。田中のスピーチの翻訳は、あらかじめ中国側に伝えられていたのです。中国側はこれをタイプして会場に配布していました。つまり事前に彼らはスピーチの内容を知っていたのです。事前に知りながらそれを指摘せずに、田中に語らせた後になって、これに怒ってみせた。つまりこれは周恩来の芝居です。こういう芝居をして日本よりも道徳的に優位に立ち、「お前たちは戦争の謝罪をするのにコーヒーをこぼした程度の言葉を使った」と怒りまくって、交渉を有利に進めたのです。

周恩来は、中国共産党が政権を掌握するうえで決定的な役割をした人です。私が思い出すのは支那事変が始まる前の年の一九三六年にあった西安事件です。このとき毛沢東は、蔣介石を殺せといいました。しかしスターリンはこれを止めます。

このときに蔣介石との話をまとめたのが周恩来です。これが東アジアの歴史を変えました。気息奄々《きそくえんえん》だった中国共産党が生き残って政権を取るに至るのは、このときの周恩来の働きによるものであったといえるのです。

日中共同声明のときは、毛沢東が後から「喧嘩は済みましたか?」といって出てきました。要するに周恩来が突撃役で、毛沢東はなだめ役の大物として出てくるわけです。刑事部屋の犯人

毛沢東　1949年、中華人民共和国を建国し、共産党一党独裁体制を打ち立てる一方、大躍進政策の失敗、権力闘争として引き起こした文化大革命などにより、数千万人の人々が犠牲になった。

取調べと同じ原理です。

日中共同声明によって引き起こされた問題はいろいろありますが、そのなかでひとつ「中国が賠償請求を放棄した」という話があります。一般にはこれは中国が譲歩したものだといわれていますが、じつはまったくそうはなっていません。そもそも日本は中国共産党と戦闘を行っていないことに加え、日本の官民が中国国内にもっていた膨大な現地資産を全部放棄したのです。差し引きで計算すれば、日本のほうが向こうからもらわなければならない話です。

中国はずっと賠償を要求していたのですが、ある時点から突然いわなくなりました。そして、日中共同声明で相殺するといい出しました。差し引きしたら、逆の計算になることに気づいたのかもしれません。その中国は日中平和条約締結後、日本からODAをむしり取るようになりました。

「友好」の陰で反日のデマを扶植

日中共同声明、日中国交回復は歴史的にどのように評価されるべきでしょうか。この検討は、これからの大きな課題であると思います。とりわけ忘れてはならないのは、この国交回復と同時に中国共産党が本多勝一と朝日新聞を使って「南京大虐殺」の報道をさせて日本叩きのネタを仕込んでいったことです。

日本人ならば、相手国と友好関係をこれから結ぶというときに、その相手国を根も葉もない事実をでっちあげて叩く材料を仕込むなどということはしませんし、できません。しかし中国共産党は、これから国交回復をして付き合いがはじまるから、相手を叩く材料を仕込んでおこうとするわけです。しかも相手の国のジャーナリズムを利用して、プロパガンダのネタを埋め込んでいったというのが、この日中共同声明の裏で行われたことです。

三つの条約からなにを読み取るか

さてこの三つの条約から、私たちは何を読み取ったらよいでしょうか。私の考えを六つにまとめてみました。

（1）三つの条約は、どれもが近代日本の苦難の歩みを象徴するような出来事だと私は思います。

（2）国際社会は「だまし討ち」が平然と行われる百鬼夜行《ひゃっきやこう》の世界です。麗《うるわ》しい友愛の世界ではないのです。

（3）真面目で誠実で相手を裏切らない日本人は、いつも出し抜かれ、馬鹿にされ、利用されるというのが半ば宿命です。

（4）日本社会の規範は国際社会との接点では通用しないし、この関係は今後も変わらないだろうと思います。

（5）外交・条約とその扱いには、それぞれの国の文化が反映されます。人々の規範、道徳、生き方、その国の政治文化、そういうものが反映するわけです。ですから外交という枠のなかで会話していても、その背負っているものが全然違うのです。そのことがお互いに理解できません。そういうことがしばしばあるのではないでしょうか。外交交渉のなかで、近代の日本人は、そこでなにが起きているのかすらわからなかったというケースがたくさんあるのではないかと思います。

（6）この三つの条約の例それぞれを見ればわかるとおり、相手国はまことに汚いです。日本を叩けというプロパガンダをしかけたアメリカ、南進政策にスパイを使って工作をしたソ連、一方で「友好」を掲げながら、他方で南京大虐殺をいい出す中国、です。

日本人を愚弄した周恩来

周恩来は、田中角栄に書を贈りました。その書には「言必信行必果」と書かれていました。「言《げん》必ず信《しん》、行《ぎょう》必ず果《か》」と読みます。「言葉は必ず真実であり、やるべきことはやり遂げる」という意味で、「論語」のなかに出てくる言葉です。もらった田中角栄は素直に喜んだのです。出典の論語を開きますと、その先に、【硜硜然小人哉】と出てきます。「こうこう然として小人《しょうじん》なるかな」と読みます。

つまり、もし「言必ず信、行必ず果」というだけの人だとしたら、「人間として器が小さい」と書かれているのです。その前半だけを田中角栄に書いて渡す。田中角栄はそんな教養がないから大いに喜んで褒めてくれたと思いました。しかし、それだけではなく「人間としての器は小さい」と論語には書いてあったのです。周恩来は田中角栄を愚弄し、それによって日本人全体を愚弄したのです。周恩来はどこまでも食えない人物でした。

孔子というのは、ある人にいわせると、「あれは失敗した経営コンサルタント」なのだそうです。私からみれば、前半の言葉こそ日本人であり、それこそが徳の高いものであると思います。逆にいえば毛沢東や周恩来のような陰謀家のホラ吹きで、自国民を何千万人殺しても平気でいるような人が大物で、まじめにコツコツと誠実なのが小人なのだという論理を、私は返上したいと思います。

ただし「言必信行必果」は、なかなか世界に通用していかないところがあります。日本人は、そのために損をしたり失敗したりすることが多いのではないかと思います。ですから、「言必信行必果」は一見すれば美徳ですけれど、私は次の言葉を日本人に贈りたいと思います。

「美徳も度を超せば、悪徳に転化する」

行き過ぎたお人好しは、決して褒められることではなくて、むしろ悪徳となり、世の中に害をなすということを、日本人は今、学ばなければならないのではないでしょうか。自戒の意味を込めてそう申し上げたいと私は思っています。

国際社会が日本のように、誠実で信義を守ることに価値をおく、日本標準の世界になるようなことは当分ないでしょう。それでも、日本が希望の国であることは、心ある外国人の間にも、ますます知られるようになりつつあると私は感じています。

●著者略歴

藤岡信勝（ふじおか・のぶかつ）

1943年北海道生まれ。教育研究者。1971年、北海道大学大学院教育学研究科博士課程単位取得。東京大学教育学部教授、拓殖大学教授を経て、拓殖大学客員教授。1995年、自由主義史観研究会（2015年から「授業づくりJAPAN」と改称）を組織し歴史教育の見直しに着手。1997年、新しい歴史教科書をつくる会を創立し、同会前会長。大ベストセラーになった『教科書が教えない歴史』シリーズほか、著書多数。

日本人が目覚めた **国難の日本史**

2015年5月9日　　第1刷発行

著　者　藤岡　信勝

発行者　唐津　隆

発行所　株式会社ビジネス社

〒162-0805 東京都新宿区矢来町114番地
神楽坂高橋ビル5階
電話 03(5227)1602　FAX 03(5227)1603
http://www.business-sha.co.jp

カバー印刷・本文印刷・製本/半七写真印刷工業株式会社
〈カバーデザイン〉大谷昌稔　〈本文DTP〉茂呂田剛(エムアンドケイ)
〈編集担当〉本田朋子　〈営業担当〉山口健志

©Nobukatsu Fujioka 2015　Printed in Japan
乱丁・落丁本はお取りかえいたします。
ISBN978-4-8284-1813-1

【新装版】山本七平の

山本学の真髄がここにある!!

日本の歴史〈上〉〈下〉

〈上〉978-4-8284-1791-2
〈下〉978-4-8284-1792-9

日本人論はこれまで盛大に論じつくされてきた。けれどもあらゆる角度から念慮に基づいて、最も広角の鏡面《レンズ》を用いつつ、情と理の均衡を保つ綜合的な視座を、独力で構築したのが山本七平である。（谷沢永一氏解説より）

旧約聖書物語〈上〉〈下〉

〈上〉978-4-8284-1793-6
〈下〉978-4-8284-1794-3

旧約聖書のもつ不思議な力に迫るために、イスラエル史の枠組みの中で、彼らが何を信じ、どのように行動し、どのように思想を形成し、いかなる歴史的試練に耐えてきたかを、なるべく歴史の順序に従いつつ摘記した。（「序」より）

日本資本主義の精神

978-4-8284-1795-0

欧米人はもはや、「日本人はモノマネがうまいだけだ」などとは考えていない。だが日本人自身がそう考えているためか、明治における発展であれ、戦後の経済的成長であれ、「なぜそうなったのか」を把握しておらず、外部に説明し得ない状態である。いわば「何だかわからないが、こうなってしまった」のである。（まえがきより）

「美しき品格」と「優秀な知恵」を兼ね備えた、日本人の原点がここにある！

物事の本質を見抜く力

山本七平

定価：各1,000円＋税

戦後70年――反日包囲網、グローバリズム、「イスラム国」の危機を克服する21世紀の国家論

グローバリズムという未曽有の国難！
日本が国家存亡の危機を克服する道はただひとつ!!

政治・経済・信仰から読み解く

日本「国体」の真実

馬渕睦夫
元駐ウクライナ大使

グローバリズムにより、各国独自の文化が破壊される一方、「イスラム過激派」による民族対立でナショナリズムが噴出する国際情勢。世界崩壊阻止のヒントとなる日本の国体を政治、経済、信仰の観点から元大使がわかりやすく解説する

定価：1,400円＋税
978-4-8284-1806-3

日本を再認識する 3本の柱

政治
◆「君民共治」の政治
◇神から生まれた「祭祀共同体」
◆「和」の民主主義　◇「平和主義」の伝統

経済
◆「稲作」の精神　◇「結び」の力
◆罰としての「労働」
◇「和」という経営方式
◆「グローバリズム」との共存

信仰
◆「古事記」の世界
◇「黄泉の国」神話の教訓
◆「先祖供養」の神髄
◇「造り変える力」の本質
◆「禊払い」の威力　◇「一神教」との共存

ビジネス社の本

朝日新聞を消せ！

なぜ朝日を消さなければならないか？
すべてがわかる！

朝日新聞を糺す国民会議……編

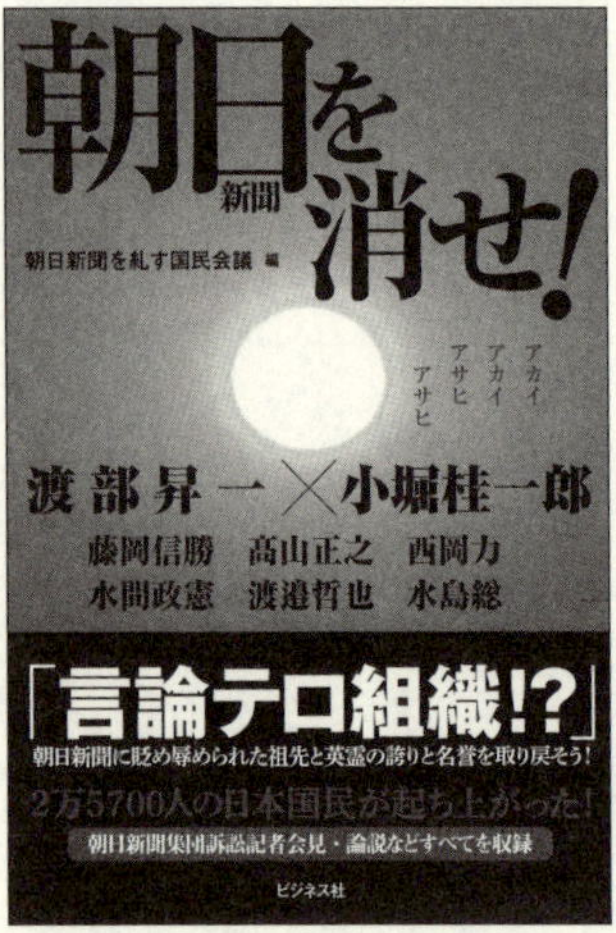

定価：本体1400円＋税
ISBN978-4-8284-1798-1

朝日新聞に貶め辱められた祖先と
英霊の誇りと名誉を取り戻そう！
2万5700人の日本国民が起ち上がった！
渡部昇一、小堀桂一郎、藤岡信勝、
高山正之、西岡力、水間政憲、渡邉哲也
各氏の対談・論説なども掲載！
朝日新聞集団訴訟記者会見、
結成大会などすべてを収録。